JOURNAL

DU

BOMBARDEMENT DE CHATILLON

(AVRIL — MAI 1871)

OUVRAGES DE L'AUTEUR

COURS DE PATHOLOGIE INTERNE professé à la Faculté de médecine de Paris, par M. G. Andral, recueilli et rédigé par M. Amédée Latour. — Deuxième édition, 3 volumes in-8°. Paris, 1847.

DU TRAITEMENT PRÉSERVATIF ET CURATIF DE LA PHTHISIE PULMONAIRE. In-8°. Deuxième édition. Paris, 1841.

NOTE SUR LE TRAITEMENT DE LA PHTHISIE PULMONAIRE. In-8°. Paris, 1857.

LETTRE A M. MALGAIGNE SUR LA SYPHILISATION. In-8°. Paris, 1858.

UNE RÉVOLUTION AU JARDIN DES PLANTES. In-8°. Paris, 1860.

LETTRE A M. LE DOYEN PAUL DUBOIS SUR L'ASSOCIATION GÉNÉRALE DES MÉDECINS DE FRANCE. In-8°. Paris, 1858.

ÉLOGE DE M. P. F. O. RAYER, lu à l'Assemblée générale de l'Association générale de prévoyance et de secours mutuels des médecins de France, dans sa séance du 19 avril 1868.

JOURNAL

DU

BOMBARDEMENT DE CHATILLON

(AVRIL — MAI 1871)

PAR

Le Docteur **AMÉDÉE LATOUR**

Membre de l'Académie nationale de médecine
Secrétaire général de l'Association générale de Prévoyance et de Secours mutuels des Médecins de France
Secrétaire du Comité consultatif d'hygiène publique de France
Rédacteur en chef de l'Union Médicale
Membre de plusieurs Sociétés savantes nationales et étrangères
Officier de la Légion d'honneur, etc.

« Si me semble-t-il, à le dire franchement, qu'il y a un grand amour
« de soy et présumption d'estimer ses opinions jusques là que, pour les
« establir, il faille renverser une paix publicque, et introduire tant de
« maulx inévitables et une si horrible corruption de mœurs que les
« guerres civiles apportent et les mutations d'estat, en chose de tel
« poids, et les introduire en son païs propre. »
(Montaigne. *Essais,* livre I, chap. XXII.)

PARIS

AUX BUREAUX DE L'UNION MÉDICALE
RUE DE LA GRANGE-BATELIÈRE, 11

CHEZ ADRIEN DELAHAYE, LIBRAIRE-ÉDITEUR
Place de l'École-de-Médecine

1871

et cruelle persévérance, ils n'ont pas aussi bravement qu'on l'a dit exposé leurs jours, que tout s'est borné, de leur part, à un bombardement féroce contre des villages inoffensifs, à des fusillades sans péril dans leurs tranchées, sauf quelques imprudences qui leur ont coûté cher, et à savoir se replier prudemment, aussitôt qu'apparaissaient les képis rouges, sous la protection des forts. De la part de l'armée, on pourra suivre cette stratégie savante et prudente qui, dans les premiers temps, nous paraissait bien longue et souvent incompréhensible dans notre ignorance des choses militaires, mais qui a eu pour résultat glorieux et immense la reddition des forts du Sud, presque sans perte d'hommes, et qui a permis l'attaque décisive de l'enceinte et des portes de Paris.

Je demande grâce et indulgence pour quelques réflexions semées dans mon récit et écrites sous les impressions du moment. Je n'ai jamais été, je ne suis pas, j'espère ne jamais être ce qu'on appelle un homme politique; mes tendances et mes aspirations importent donc fort peu au public, qui fera bien d'en passer la lecture. La seule chose que je tienne à dire, parce qu'elle est l'expression exacte de l'état de mon esprit, c'est que, dans ces temps d'agitation profonde et de trouble moral, je me trouve heureux de retrouver au fond de mon âme l'amour vif du droit, de la liberté, du progrès, et la haine de l'injustice, de l'oppression et du despotisme.

J'aurais aussi à m'excuser de publier cet écrit dans l'UNION MÉDICALE et de lui dérober une partie de l'espace qu'elle consacre à notre science et à notre art. Mais je ne le ferai qu'avec discrétion et sobriété et alors que cette partie du journal restera inoccupée. J'ajoute que, depuis plus d'un quart de siècle, c'est aux lecteurs de ce journal que j'ai confié toutes mes pensées; j'espère qu'ils me pardonneront, en souvenir des circonstances douloureuses et périlleuses dans lesquelles je viens de me trouver placé, de les rendre les confidents de mes impressions et de mes émotions. Comme un enfant qu'on trouve en faute, je leur dis :

Pardonnez-moi ! je ne le ferai plus.

10 juin 1871.

INTRODUCTION

Depuis les journées néfastes des 17 et 18 mars, où l'armée du Gouvernement fut vaincue par les forces insurrectionnelles, et cela autant par l'incroyable imprévoyance des chefs militaires que par la fatale inaction de la grande majorité de la garde nationale parisienne, je me sentais en proie à une excitabilité extrême, presque maladive, qui me privait de sommeil et d'appétit; le séjour de Paris m'était devenu insupportable, et je n'aspirais qu'à le quitter. La fatale mesure prise par un grand nombre de maires de Paris qui, au moment où la résistance s'organisait admirablement, firent afficher, le 25 mars au soir, leur inepte proclamation en faveur du vote, pour le lendemain 26, des membres de la Commune, mesure dont je compris aussitôt toute l'imprudente gravité, me détermina à quitter immédiatement Paris.

Le dimanche, 26 mars, dès le matin, je franchis le mur d'enceinte et me retirai à Châtillon, où m'attiraient d'ailleurs les réparations déjà commencées des désastres subis par ma petite propriété. Là, me disais-je, je passerai huit à dix jours tranquille, quoique au milieu de mes ruines, qui, je le sentais, me devenaient d'autant plus chères qu'elles m'occasionnaient plus de chagrin. Ainsi, l'enfant qu'on a eu le plus de peine à élever, et dont la frêle santé a donné le plus d'alarmes, devient l'objet d'une sollicitude plus tendre. Je voulais vivre quelque temps, sinon indifférent, au moins étranger à ce qui se passait dans ce terrible Paris si sombre à la fois et si agité, où les sottises s'accumulaient sur les défaillances, et où allait se jouer un drame, je le pressentais, dont le dénouement, encore mystérieux alors, ferait certainement couler des flots de sang français.

Tout alla bien les premiers jours. Le soleil était splendide, l'air vif et frais de la campagne, tout embaumé des premières senteurs printanières, était le meilleur sédatif pour calmer ma susceptibilité nerveuse. Après ce long confinement de six mois et les cruelles émotions du siége, j'étais comme un oiseau secouant ses ailes à l'air libre, j'allais et venais, heureux de ne plus sentir, comme un poids sur la poitrine, l'atmosphère pesante de la ville. De Paris, je ne voulais rien savoir; pas un journal ne m'arrivait; je n'entendais que le gai sifflement des merles et le chant joyeux des pinsons, dont les amours s'éveillaient à la tiède haleine du printemps. Dans mon humble propriété se trouvait réunie toute une encyclopédie de travailleurs : terrassiers, jardiniers, couvreurs, maçons, serruriers, peintres; toute cette agitation, pour moi si nouvelle, me procurait une diversion complète et heureuse, à l'excitation intellectuelle et morale faisait succéder une véritable fatigue physique qui commandait la réparation par l'alimentation et par le sommeil (1).

(1) C'était un praticien de grand sens ce médecin du dernier siècle, le docteur **Pomme**, qui disait aux plus grandes dames de la cour se plaignant de leurs vapeurs : « Faites tous les jours votre lit, Madame, et brossez votre appartement. ».

Qu'ils passèrent vite ces premiers huit jours! Quelles terribles journées leur succédèrent! ah! j'ai entendu siffler bien autre chose que mes merles!...

Deux circonstances, cependant, me taquinaient, et j'ai eu le tort de ne pas tenir suffisamment compte de mes impressions. La première, c'est que, si je savais bien que les forts du sud n'avaient pas été pris par la garde nationale insurgée, ils s'étaient néanmoins lâchement, ou par surprise, rendus à elle. C'était inquiétant, et j'aurais dû prévoir le coupable et affreux usage qui pouvait en être fait. L'autre circonstance devait aussi faire naître une inquiétude sérieuse; aussi, dès le samedi, 1er avril, j'écrivis à ce sujet à un de mes amis à Versailles, assez haut placé pour les transmettre à qui de droit, les lignes suivantes :

« Sait-on, à Versailles, ce qui se passe sur le plateau de Châtillon? On n'en a pas l'air.
« Apprenez donc à ceux que cela concerne que le plateau et la redoute sont occupés par la
« garde nationale depuis plusieurs jours; que le nombre des insurgés y augmente sans cesse;
« que, ce matin même, on y a monté canons et mitrailleuses, et que deux à trois cents
« hommes, munis de pioches et de pelles, ont passé par le village, se dirigeant sur le coteau,
« très-certainement pour y aller exécuter des travaux de défense et de fortification. On nous
« dit ici qu'il y a des troupes suffisantes au Petit-Bicêtre, c'est-à-dire à 2 ou 3 kilomètres des
« insurgés; qu'y font-elles donc? Deux bataillons eussent suffi hier pour dissiper ce rassem-
« blement, demain ce sera une bataille sanglante qu'il faudra livrer (1)...... »

Mes prévisions ne me trompèrent que sur un point, à savoir : que je faisais honneur aux insurgés d'un courage de résistance plus énergique qu'ils n'en firent preuve, comme on va le voir tout à l'heure.

Toute la journée du dimanche, 2 avril, toute la nuit du 2 au 3 et toute la journée du lundi 3, ce ne fut qu'une ascension incessante d'insurgés sur le plateau; les bataillons succédaient aux bataillons et par toutes les voies y aboutissant; les canons, les mitrailleuses et les four-gons de munitions et de vivres montaient à intervalles assez rapprochés; plusieurs voitures de la Compagnie des omnibus (ligne de Grenelle) étaient remplies de munitions, de vivres et d'objets de campement; c'était une véritable armée qui se dirigeait vers la route de Versailles, et d'après le nombre des bataillons qui passèrent sous mes yeux, j'estime que le lundi, 3 avril, vers les cinq heures du soir, au moment où la tête de l'armée de Versailles se montra sur le plateau, les insurgés se trouvaient au moins au nombre de vingt mille, avec une artillerie d'une trentaine de canons et de quelques mitrailleuses.

Que se passa-t-il alors? Je ne peux le dire d'une façon précise, aucun rapport officiel, s'il en existe, n'étant parvenu jusqu'à moi. Voici ce qui me paraît le plus probable d'après les divers récits que j'ai recueillis soit des militaires de l'armée, soit de quelques insurgés eux-mêmes au moment de la débandade.

Une colonne assez forte d'insurgés s'était avancée jusqu'au petit Bicêtre, c'est-à-dire à 8 kilomètres de Versailles par la belle route de Choisy-le-Roi, qui a si merveilleusement servi aux

(1) J'ai su depuis que cette lettre, qui d'ailleurs n'avait pas été confiée à la poste, n'est pas parvenue à son adresse.

mouvements stratégiques de l'armée allemande. Ce mouvement devait avoir été probablement combiné avec celui qui avait échoué la veille à Courbevoie et où les insurgés avaient éprouvé une si cruelle défaite. Cette défaite, les insurgés de Châtillon la connaissaient-ils ? Rien de moins probable, à moins de les supposer fous à lier. La Commune leur avait donc caché le véritable état des choses en ne les prévenant pas que toute jonction avec les insurgés, partis de Paris par Courbevoie, était devenue impossible. Toujours est-il que, soit ignorance, soit ordres absurdes, soit imprévoyance, la colonne insurgée, sur le point indiqué, rencontra la colonne de l'armée de Versailles, dissimulée sur la lisière du bois de Verrières. Cette colonne se mit immédiatement en ligne en sortant à la fois de plusieurs endroits du bois, après un très-court combat parvint à envelopper la colonne insurgée, lui fit 1,500 prisonniers et lui enleva son artillerie.

Les insurgés en petit nombre qui avaient pu s'échapper, arrivèrent éperdus vers le gros de leur armée, placée en avant et en arrière de la redoute de Châtillon, en annonçant le désastre. Un feu de mousqueterie se fait entendre. Alors, une clameur immense et que nous entendons de Châtillon, s'élève, la panique s'empare des insurgés, et les voilà fuyant à toutes jambes, un grand nombre d'entre eux jetant leurs armes, leurs képis, leurs sacs, hommes, femmes, enfants, toute cette population qui, depuis deux jours et comme allant à une fête, avait gravi le coteau au son du tambour, des clairons et des chants patriotiques, chargée de victuailles et surtout de boissons, tout cela dégringole la côte avec une rapidité vertigineuse, dans un désordre indicible, se culbutant, criant trahison ! si bien qu'un escadron de cavalerie qui eût poursuivi cette énorme bande de fuyards, dans ce moment de confusion et de terreur extrême, eût pu entrer dans les forts de Vanves et de Montrouge sans coup férir. Jamais, jamais, je n'oublierai cette débandade insensée et cette déroute affolée.

Mais les insurgés ne furent pas poursuivis, et tous ceux qui voulurent ou qui purent rentrer dans les forts de Vanves, de Montrouge et d'Issy, y cherchèrent un refuge. Je ne suis pas militaire et ne comprends rien aux choses de la guerre ; je ne me permettrai donc pas de blâmer ce qui a été fait, ou plutôt ce qui n'a pas été fait. Mais, je ne peux m'empêcher de reconnaître que cet arrêt subit de l'armée, après le déguerpissement si prompt et si facile des insurgés du plateau de Châtillon, a eu des conséquences désastreuses sur les malheureuses populations de la banlieue situées sous le feu des forts du Sud (1).

Dans la nuit du lundi au mardi, les canons de ces forts commencèrent à gronder et à jeter des obus sur le plateau. A la faveur de la nuit, quelques bataillons d'insurgés se rallièrent et, sous la protection des forts, purent aller prendre position derrière la redoute de Châtillon. Pendant ce temps, quelques réquisitions furent faites dans le village, réquisitions forcées, bien entendu, et sous menace de mort; la caisse de l'Octroi fut enlevée, plusieurs marchands et

---

(1) Ce jour-là, vers huit heures du soir, un bataillon de la ligne descendait dans le village et se dirigeait sur la route de Paris, c'est-à-dire allait s'exposer au feu des forts, quand je me permis d'arrêter le commandant et de lui faire observer que plusieurs heures s'étant écoulées depuis la débâcle, les forts avaient pu mettre leurs canons en position et qu'il allait inévitablement placer son bataillon sous un feu meurtrier. Le commandant n'insista pas et fit rétrograder ses hommes. O imprévoyance de notre administration militaire! Ce commandant ne savait pas qu'il marchait vers les forts.....

débitants se virent enlever leurs marchandises, que les insurgés payaient ou ne payaient pas, ce qui revenait au même, avec des bons sur la caisse de la Commune.

Cette nuit fut pour nous bien anxieuse, et tout nous faisait prévoir pour le matin une nouvelle action.

Cette action eut lieu, en effet, mais plus rapide encore fut-elle que celle de la veille. Le feu ouvert à sept heures du matin, la redoute était prise quelques minutes après et, alors, même débâcle que la veille, même dégringolade des insurgés, même protection cherchée en fuyant dans et sous les forts. C'est dans cette dernière action, m'a-t-on assuré, que le général Duval, son chef d'état-major et dix-sept autres insurgés de tout grade furent fusillés. Ce général Duval, je l'avais vu la veille, descendant la côte au grand trot de son cheval, cherchant à arrêter les fuyards et à les rallier. Vains efforts! Il parvint cependant à faire remonter trois canons et une mitrailleuse qui ne furent pas pris, car je les vis repasser le lendemain. Si c'est bien le général Duval que j'ai vu, c'était un très-bel homme d'une trentaine d'années, revêtu d'une belle écharpe rouge à franges d'or, — il paraît que la démocratie ne se fait pas faute non plus d'oripeaux et de galons — à l'air martial et qui semblait bien profondément irrité de la débandade de sa troupe.

Cette débandade, en effet, la première surtout, fut honteuse, un grand nombre de gardes nationaux ivres, tombaient en fuyant, et ceux qui suivaient, dans leur terreur, passaient sur leur corps en courant. Un capitaine — un capitaine ! — tomba ivre sous mes fenêtres ; on eut toutes les peines du monde à le replacer sur ses jambes et à le soustraire à l'indignation de quelques hommes de sa compagnie qui l'accablaient d'invectives.

JOURNAL

Ici commence la série des tristes épreuves que j'ai subies et dont j'ai consigné le récit, jour par jour, dans ce *journal*, que je ne peux appeler, faute d'une désignation meilleure, que *Journal du bombardement de Châtillon*, et non du *siége* de Châtillon, puisqu'en vérité je n'étais pas assiégé, que je pouvais me réfugier ailleurs, et que c'est volontairement que j'ai bravé les périls de la situation. Des considérations qu'il n'y aurait aucun intérêt à faire connaître, me déterminèrent à ne pas laisser une fois encore ma maison déjà si maltraitée une première fois par l'invasion des mobiles de Paris, une seconde fois par la longue occupation allemande, aux hasards et aux dangers d'une troisième invasion. Par qui serait faite cette troisième invasion, par l'armée ou par les insurgés? On ne pouvait le prévoir. Tout véhicule manquait d'ailleurs pour emporter ce que j'aurais voulu pouvoir sauver. Il fallait rester ou tout perdre encore une seconde fois. Je restai.

Mardi, 4 avril. — Toute la nuit les insurgés ont battu le rappel dans le village; personne n'y a répondu. Nous ne sommes encore au pouvoir d'aucun belligérant, mais nos petits paquets à la main et après le combat de ce matin, suivi de la nouvelle déroute des insurgés, nous nous demandons avec inquiétude : que va-t-il survenir? Le village abandonné par les insurgés, non encore occupé par l'armée qui se tient sur le plateau, va-t-il devenir le théâtre de combats successifs? Allons-nous tour à tour être le prix de l'insurrection et de l'armée? La position n'est pas rassurante, et plusieurs habitants abandonnent déjà leurs foyers. Toutes réflexions bien faites, avec nos aimables voisins et locataires de la maison de la poste, nous nous décidons à rester.

Vers midi, cinq ou six francs-tireurs insurgés, accompagnés d'une bande de petits vauriens de Paris, remontent le village et tentent d'élever une barricade à l'entrée de la route de Clamart. Les habitants des maisons voisines s'y opposent et les francs-tireurs se retirent. Bon voyage!

A la tombée de la nuit, un bataillon de la ligne vient occuper le village. Cela nous rassure un peu.

Toute la journée et une partie de la nuit, les forts ont bombardé le plateau, qui n'a pas riposté. Les obus passent sur nos têtes avec ce sifflement sinistre que, depuis hier, j'entends pour la première fois. Cette musique n'est pas gaie. — Je n'entends parler d'aucun dommage dans les habitations ni d'aucun accident sur les habitants.

Mercredi 5. — Hélas! il n'en est pas de même aujourd'hui. Le bombardement par les forts n'a pas cessé de la journée. Chose odieuse : sans avertissement, sans sommation, sans provocation, les obus ont été dirigés sur plusieurs maisons qui ont subi de graves dommages. Résultat plus triste encore, une femme et un enfant ont été tués; celui-ci a eu la tête emportée. La consternation est dans le pays, qui voit le parti pris de la part des insurgés de tirer sur le village. C'est du reste ce que quelques sinistres personnages nous avaient prédit avant-hier en descendant le plateau : « Châtillon, tu seras rasé ou brûlé ! » avaient-ils dit dans leur déroute. Nouvelles émigrations.

Fusillade sur plusieurs points dans la journée.

Même silence du plateau.

Nuit calme.

Jeudi 6. — Bombardement incessant pendant toute la journée. Un grand nombre de maisons sont atteintes. Un autre enfant est tué, un autre enfant blessé ; un éclat d'obus lui a perforé la poitrine et dilacéré le poumon. Plaie horrible. (Ce pauvre enfant de 14 ans, espoir d'une honorable famille, a succombé le lendemain.)

Je suis délivré aujourd'hui d'un bien grand souci. Mon cher neveu, Amédée Latour, employé au ministère de l'agriculture et du commerce, était venu passer la journée du dimanche avec nous. Le lendemain le chemin de fer de la rive gauche était coupé et il ne put aller reprendre son poste à Versailles ni le mardi, ni hier. Aujourd'hui, en compagnie de trois habitants de Châtillon, allant en ravitaillement à Versailles, il a pu, en prenant des chemins détournés et en évitant l'ascension du terrible plateau, aller reprendre ses fonctions. J'apprends qu'il est arrivé à bon port. Dieu soit loué ! A mon âge on peut mourir sans regrets, mais si j'avais vu périr auprès de moi, chez moi, ce bon jeune homme de 23 ans, espoir et soutien de sa mère, j'en serais devenu fou de douleur. Maintenant je me sens plus courageux.

Vendredi 7. — Quelle ironie du sort! Depuis huit jours, le temps est splendide. Tout pousse, tout bourgeonne, les lilas sont en fleur, ce qui reste de mes arbres est en pleine floraison, l'atmosphère est embaumée des senteurs printanières, tout invite à les respirer.... Impossible de mettre un pied dans le jardin ; les obus et les balles sifflent et tombent de tous côtés. On n'entend que cheminées qui dégringolent, que toits qui s'effondrent, que balles qui tombent comme grêle. Aujourd'hui, le bombardement par les forts a été frénétique, surtout de deux à six heures du soir. Un obus a éclaté sur un pan de mur de mon jardin, des éclats tombent sur ma maison, après avoir cassé une belle branche de prunier en fleur.

Le village a encore beaucoup souffert aujourd'hui; il y a une nouvelle victime humaine.

En l'absence du maire ne pouvant sortir de Paris, de l'adjoint dont l'habitation se trouve dans les lignes insurgées, en ma qualité de membre du conseil municipal de la commune, je rédige et je fais signer par un grand nombre d'habitants, une adresse au Président du pouvoir exécutif, dans laquelle j'expose la situation de notre malheureux pays, victime d'un bombardement furieux qui détruit les habitations, tue et blesse les habitants, ces infortunés habitants qui, après un siège de six mois et sur la foi de la paix, étaient rentrés dans leurs foyers et avaient repris avec ardeur leurs travaux de culture. On supplie le pouvoir exécutif de prendre en considération le sort déplorable de toutes les communes de la rive gauche placées sous le feu des forts.

En même temps, j'écris à mon savant confrère et ami, M. le docteur Théophile Roussel, député à l'Assemblée nationale, et quoique je n'espère pas grand'chose de ces démarches, je les fais cependant dans le seul but d'éclairer Versailles sur ce qui se passe ici et qui ne reçoit que des rapports militaires dont on connaît la sèche et insignifiante concision.

A huit heures du soir, le bombardement recommence et dure toute la nuit. Le plateau ne riposte pas encore. On nous assure cependant qu'il se fait là haut des travaux considérables de défense et d'attaque.

Aujourd'hui, trois habitants de Châtillon ont été arrêtés sur l'ordre de l'autorité militaire, comme plus ou moins suspectés de connivence avec les insurgés. Deux ont été relâchés.

Les rues de Châtillon ont été couvertes de barricades, et une compagnie de génie est venue creuser des tranchées sur plusieurs points de la commune.

Samedi 8. — Même bombardement que la veille, avec la même furie et aux mêmes heures. — Nous n'avions pas encore quitté nos chambres à coucher, situées au deuxième étage, alors que tous les habitants de Châtillon séjournent et couchent dans leurs caves. Mais le feu de ces derniers jours a été si violent, les maisons voisines ont été si endommagées, que nous procédons au blindage du rez-de-chaussée à l'aide de fortes planches et de matelas; nous coucherons par terre. Je ne peux me résoudre à coucher dans une cave froide et humide.

Dimanche 9. — Quel affreux jour de Pâques! Il y a cinquante-sept ans, à pareil jour de Pâques et presque au même quantième du mois, le 10 avril 1814, j'écoutais avec toute l'insouciance de l'enfance, la canonnade de la bataille de Toulouse. J'aurais pu écouter aujourd'hui la plus féroce canonnade qu'on puisse entendre avec l'indifférence que donne le peu de temps qui reste à vivre; ce serait fanfaronade de dire qu'il en a été ainsi. Non, et deux fois dans la journée, nous avons pris nos petits paquets pour déguerpir. Dès cinq heures du matin, tous les forts se sont mis en colère contre le plateau. Bientôt une fusillade s'est engagée sur toute la ligne. Le canon des insurgés renverse la première barricade du village, mais les insurgés ne parviennent pas à s'en emparer; ils restent à distance, et elle est bientôt rétablie sous leur feu. Ils se replient sous les forts. — A quatre heures, nouvelle alerte : les insurgés font mine d'avancer, ils sont bientôt repoussés. — A huit heures, nouvelle et vive fusillade sur toute la ligne des forts, qui dure une heure. Beaucoup, beaucoup de bruit, peu de besogne.

L'artillerie du plateau a seulement aujourd'hui commencé à riposter, mais très-mollement et comme pour essayer son tir.

Le bombardement de ce jour a été terrible pour le pays. Il n'existe pas une maison de la rue de Paris et de la place de l'Église qui n'ait reçu de graves atteintes. La mairie est transpercée sur plusieurs points; le clocher de l'église tient à peine, et la toiture est partout effondrée. J'ai reçu cinq obus dans mon jardin.

Toute cette journée a été affreuse et pleine d'anxiété. Ah! si les insurgés avaient su qu'il n'y avait là que 600 hommes à peine pour défendre l'accès du plateau! Nous qui le savions, nous étions dans les transes. S'ils l'ont su et qu'ils ne se soient pas avancés, leurs chefs sont des lâches ou des imbéciles.

Lundi 10. — A quatre heures du matin, engagement assez vif vers Bagneux, qui cesse bientôt. Les forts ont tiré par intervalles assez éloignés jusqu'à midi. Depuis ce moment, silence complet, ainsi que pendant la nuit. Les insurgés paraissent être fatigués du vacarme d'hier. Que ce silence nous a paru bon ! J'en ai profité pour faire, refaire et recommencer vingt fois le tour de mon jardin dont les murs écroulés commençaient à se relever, et que les obus des *frères et amis* renversent de nouveau.

Un pauvre merle avait construit son nid sous une tonnelle, à côté de mon puits; le bruit du canon l'a effrayé ; il l'a abandonné en y laissant deux œufs.

Un supplice affreux et qui augmente à toute heure, c'est de n'être séparé que par 4 kilomètres des portes de Paris et de ne pas savoir un mot de ce qui se passe dans sa terrible enceinte. Que deviennent nos amis ! Tous ces jeunes gens que je connais et que j'aime auront-ils pu se soustraire aux odieuses réquisitions de la Commune? Quelle inquiétude puis-je donner moi-même à ceux qui m'affectionnent et qui connaissent ma périlleuse situation ! Les récits les plus sinistres, mais heureusement contradictoires sur Paris, circulent dans le village. Nous ne recevons ni lettres ni journaux. Nous sommes ici à Pékin ou même dans la lune. C'est intolérable.

Mardi 11. — Nuit absolument calme. Vers huit heures du matin vive canonnade des deux côtés. — Je reçois la réponse à l'adresse envoyée le 7 au Président du pouvoir exécutif. Elle est ainsi conçue :

POUVOIR EXÉCUTIF
—
PRÉSIDENCE
du
CONSEIL DES MINISTRES

RÉPUBLIQUE FRANÇAISE
—
« Versailles, 9 avril 1871.

« Monsieur et cher concitoyen,

« J'ai mis sous les yeux de M. le chef du Pouvoir exécutif la trop juste réclamation des habitants de Châtillon-sous-Bagneux. M. Thiers voudrait pouvoir faire cesser toutes les souffrances que la guerre entraîne avec elle ; mais il ne dépend pas de lui d'empêcher les attaques des insurgés, auxquelles il faut nécessairement répondre. Du côté de l'armée de Versailles, des ordres ont été donnés pour qu'on épargnât aux malheureux habitants tous les maux qu'on pourrait leur épargner, au milieu des affreuses nécessités que nous subissons.

« Agréez, Monsieur et cher concitoyen, mes salutations cordiales, que je présente aussi à tous les signataires de la lettre.

« Votre dévoué concitoyen.   B. ST-HILAIRE.

« *A Monsieur Amédée Latour, membre du conseil municipal,*
à Châtillon-sous-Bagneux. »

Que pouvait, en effet, nous dire de plus M. Thiers ? Évidemment il n'est pas maître d'empêcher les insurgés de faire à notre malheureux village cette guerre impie et insensée.

Insensée, c'est bien le mot, et l'on ne sait quel peut être l'homme de guerre qui ordonne ce bombardement stupide; il ne fait aucun mal à la troupe et ne tue que d'innocentes victimes. C'est un crime stérile que commet là la Commune et dont la honte pèsera éternellement sur ceux qui l'ordonnent.

De quatre à six heures du soir, vive canonnade.

Je peux écrire à Paris par un ravitailleur, et donner de mes nouvelles à des parents et à des amis.

A neuf heures du soir, combat de mousqueterie qui dure une heure. Ce sont les insurgés qui attaquent. Stratégie incompréhensible. Toutes ces fusillades ne leur font pas gagner un mètre de terrain. Canonnade jusqu'à minuit.

Mercredi 12. — Canonnade toute la journée, qui endommage encore plusieurs maisons. Un malheureux cultivateur est tué dans sa demeure. C'est la huitième victime.

A dix heures du soir, vive fusillade, toujours commencée par les insurgés, qui la reprennent à trois reprises différentes. C'est sans doute une tactique pour fatiguer et harceler la troupe; mais elle manque complètement son but; les troupes, en effet, sont relevées toutes les vingt-quatre heures, et comme elles n'éprouvent que des pertes insignifiantes, elles ne sont nullement découragées. Je m'en assure tous les jours par mes conversations avec les officiers et les soldats : ils sont ennuyés certainement du triste devoir qu'ils accomplissent, mais ils sont surtout irrités contre les provocateurs de la sédition et ils ne demandent qu'à en finir vite. Hélas! ils ne sont pas les seuls à désirer la fin de cette horrible guerre civile.

J'ai vu ce matin une hirondelle sur une cheminée de ma maison qui gazouillait une aubade; le sifflement d'un obus l'a mise en fuite. Dans cette saison et par cette magnifique température le rossignol devrait être arrivé; il n'arrive pas, épouvanté par cet horrible et incessant tonnerre du canon.

Jeudi 13. — Dès l'aube nous entendons une assez vive canonnade du côté du mont Valérien et qui dure jusqu'à six heures du matin. A cette heure, ce sont les forts qui recommencent leur tintamarre et qui le continuent toute la journée.

Placidement et me croyant à l'abri, je taillais mes glycines grimpant sur le mur de la maison voisine, quand un obus, avec un fracas épouvantable, vient éclater sur une cheminée de cette maison. Je suis couvert de débris et de plâtras; un gros moellon tombe à quelques centimètres de moi et m'aurait écrasé. Impossible, je le vois, de mettre le nez dehors par ce beau soleil. Les plus coupables criminels ont au moins une heure pour la promenade dans le préau; nous n'avons pas un quart d'heure de silence et de sûreté. C'est effrayant ce que cette artillerie enragée consomme de poudre et de fer. Il est des moments, lorsque les trois forts d'Issy, de Vanves et de Montrouge chantent leur infernal trio, où j'ai pu compter jusqu'à huit coups par minute, c'est-à-dire 480 coups par heure. Quel gaspillage inouï! Et pour aboutir à quoi? Les rares journaux que je reçois de Paris et qui reproduisent nécessairement les nouvelles et les ordres du jour de la Commune, me prouvent que ces pauvres Parisiens ne sont abreuvés que de renseignements inexacts, fantaisistes et même fantastiques sur ce qui se passe jusqu'ici autour des forts du Sud. Toutes les nuits, leur dit la Commune, ces forts et leurs garnisons remportent une éclatante victoire sur l'armée qui, toutes les nuits, vient les attaquer, et qui est constamment repoussée. C'est exactement l'inverse de cela qui est la vérité.

L'armée — je dois dire ici incidemment et le tenant de bonne source et quoique ce renseignement ne me rassure pas beaucoup, que la division qui occupe le plateau de Châtillon ne se compose que de 4,000 hommes de toutes armes ; qu'elle n'envoie tous les soirs que 600 fantassins pour protéger à la fois Châtillon et Fontenay-aux-Roses, c'est-à-dire pour répondre aux attaques des garnisons des forts de Vanves et de Montrouge ; la garnison du fort d'Issy est tenue en respect par un autre bataillon de 600 hommes échelonnés autour du village et du bois de Clamart ; voilà tout. D'après les ordres du jour de la Commune, les insurgés seraient en nombre infiniment plus considérable, ce que l'on peut très-bien apprécier, d'ailleurs, par leur fusillade très-nourrie. Voici donc ce qui se passe depuis huit jours uniformément à des heures variables entre huit heures du soir et une heure du matin. — L'armée placée autant que possible derrière des murs crénelés n'a jusqu'ici jamais attaqué ; c'est l'ordre qu'elle a reçu. Les insurgés, au contraire, cachés dans les tranchées creusées devant les forts, commencent invariablement l'attaque après un coup blanc tiré, comme signal, par un des forts ; alors, la fusillade des insurgés s'engage sur une ligne qui s'étend depuis le fort d'Issy jusqu'au-dessous de Bagneux. Dans les premiers jours, l'armée répondait aussitôt ; alors les forts dirigeaient leurs feux vers les points d'où jaillissaient les étincelles des chassepots, tandis que les batteries du plateau tonnaient sur les tranchées situées en avant des forts. Figurez-vous notre pauvre village entre ces deux canonnades et ces deux fusillades, les obus s'entre-croisant, les balles sifflant des deux côtés, la trépidation du sol, les vitres se cassant, la commotion et le bruit affreux des obus éclatant dans les maisons, faisant jaillir au loin les débris des toitures, tout cela au milieu du silence de la nuit, et vous n'aurez encore qu'une idée fort incomplète de ces nuits horribles que nous subissons, couchés tout habillés, attendant à chaque instant l'écrasement de nos maisons, l'incendie et la mort.

Tout ce vacarme dure une heure environ, recommence quelquefois, et ce grand bruit, causant heureusement peu de mal, n'aboutit absolument à rien ni d'un côté ni de l'autre, les insurgés ne gagnant pas un mètre de terrain, l'armée ne les poursuivant pas dans leur retraite sous les forts.

J'ai vu et entendu aujourd'hui une fauvette à tête noire. Charmante messagère du printemps, que ton doux ramage trop tôt interrompu m'a paru suave après cet assourdissant vacarme qui déchire le tympan !

Vendredi 14. — La canonnade des forts n'a pas cessé de la journée. Une compagnie du génie vient ouvrir des tranchées à l'entrée et autour du village. — A dix heures du soir, fusillade des insurgés, principalement dirigée sur la première barricade. L'armée a changé de tactique ; elle ne répond plus aux premiers coups de fusil et laisse les insurgés s'avancer à portée convenable, alors seulement elle riposte, et les mitrailleuses, ainsi que les batteries supérieures aidant, les insurgés, qui doivent beaucoup souffrir, rentrent bientôt dans les forts.

Les obus sont tombés aujourd'hui autour et en face de ma maison. Mon jardin en a reçu plusieurs. Un gros poirier en plein vent, le plus beau de mes abricotiers, le plus élevé de mes cerisiers ont subi de cruelles atteintes. Le jardinier m'assure que les plaies et les contusions déterminées par les obus sont mortelles. Les Prussiens s'étaient bornés à taillader mes arbres à coups de sabre, blessures que l'onguent ou emplâtre de Saint-Fiacre guérit à merveille. — Orage cette nuit, qui n'a éteint aucun feu.

Samedi 15. — A huit heures du matin, à quelques mètres de chez moi, deux maisons déjà bien abîmées, reçoivent de nouveaux obus. Depuis hier au soir, le tir des forts est évidemment dans notre direction. — A trois heures de l'après-midi, violent orage; le tonnerre du ciel gronde et obscurcit singulièrement le tonnerre du canon. Tapageurs de la Commune, que vous êtes petits en face du fracas des éléments!

Vers minuit, nouvelle et idiote attaque des insurgés, donnant les mêmes résultats que toutes les autres. Le général qui commande ces ineptes sorties et qui rédige des bulletins triomphants, est un franc imbécile.

Dimanche 16. — Aujourd'hui, premier dimanche après Pâques, sans les événements de la guerre et ceux de l'insurrection, aurait lieu l'Assemblée générale annuelle de l'Association. J'éprouverais certainement à cette heure l'émotion que jamais je n'ai pu vaincre quand il faut que je parle en public, mais cette émotion me paraîtrait douce à côté de celle que j'éprouve depuis bientôt quinze jours! Chère Association qui as causé tant de soucis et de peines à tes initiateurs, quelles vont être tes destinées nouvelles? Dans quelle situation sortira-t-elle de l'affreuse tourmente actuelle? Mon cœur se serre au contraste de cette journée avec celle d'il y a un an à pareil jour..... Allons, pas d'attendrissement, et gardons tout notre courage.

Je reçois aussi les derniers numéros de l'UNION MÉDICALE, de cette bien chère publication qui, avec l'Association, remplit mon existence depuis vingt-cinq ans. Quelles avaries va-t-elle recevoir de cette horrible tempête? Mon inquiétude est grande d'avoir été forcé d'abandonner à Richelot les soucis et les embarras de la publication du journal dans des circonstances si difficiles. Et cependant mieux vaut pour le journal que ce soit Richelot que moi qui le dirige en ce moment; il est plus calme, plus prudent, moins excitable que moi. Je me ferais certainement quelque mauvaise affaire avec la Commune, dont je ne reconnaîtrais pas, pas plus que je ne l'ai reconnu à une autorité quelconque, le droit de réquisition des médecins. Je suis bien impatient de savoir quelle aura été l'attitude du Corps médical de Paris en présence du décret de la Commune qui l'a enrégimenté.

D'ailleurs, même monotonie dans le bombardement qui a été cependant moins épileptique que les jours précédents. Je remarque qu'il a des intermittences assez régulières. Du matin à midi, il est assez modéré. Il se tait alors jusqu'à deux heures. C'est sans doute l'heure du déjeuner des artilleurs; ce déjeuner les excite probablement, car la canonnade recommence féroce, frénétique, les coups se succèdent presque par seconde quand deux et même trois canons ne partent pas ensemble. Le pointage heureusement n'est pas sans reproche et les obus tombant bien loin du but, témoignent que les artilleurs de la Commune sont plus soucieux de faire vite que de faire bien. (1) Ce tintamarre dure jusqu'à la nuit; l'objectif ne devenant plus

---

(1) J'ai eu depuis l'explication de ce gaspillage inouï de munitions qui a continué jusqu'à la prise des forts. Chaque garde national qui voulait se procurer le plaisir de tirer un coup de canon, n'avait qu'à

visible, les artilleurs vont dîner. Après le dîner, le troisième acte commence avec la fusillade, ne se termine que longtemps après elle et bien avant dans la nuit.

La nuit dernière, une douzaine d'obus sont tombés sur le village ; plusieurs maisons se sont écroulées.

Quel est donc le but militaire de cette atroce guerre qui se fait ici ? Pourquoi l'armée attaque-t-elle les forts ? Il n'est pas défendu de chercher la signification des manœuvres, surtout quand ces manœuvres nous intéressent si directement. En pesant toutes les probabilités, je m'arrête à celle-ci, c'est que la prise ou l'extinction des forts se rattache à un plan général que nous ignorons, car il n'est pas possible d'admettre qu'une si vigoureuse et si persistante attaque de la part de l'armée ne soit qu'un incident isolé et sans lien avec un plan d'ensemble. Si j'y vois bien clair, c'est surtout le fort d'Issy qui sera d'abord l'objectif. Issy pris, ses batteries seront dirigées contre celles du Point-du-Jour, et principalement contre les canonnières qui s'abritent sous son pont et contre lesquelles les batteries de Meudon sont impuissantes. Le fort d'Issy, unissant ses efforts à ceux du mont Valérien, on viendra bientôt à bout du Point-du-Jour et des batteries des bastions qui l'avoisinent. C'est ce qui m'explique pourquoi toutes les batteries supérieures ne font rage en ce moment que contre le fort d'Issy et répondent si mollement à Montrouge et à Vanves qui rugissent contre elles. Votre tour viendra, horribles forts de Montrouge et de Vanves, qui nous faites tant de mal !

Quant à supposer que les insurgés aient conçu le moindre espoir de reconquérir le plateau de Châtillon, ce n'est pas possible, quoique ces généraux de la commune soient capables de toutes les excentricités de guerre. Aussi ne comprend-on rien à leurs espèces de sorties nocturnes qui finissent invariablement, aussitôt que les chassepots de l'armée se montrent, par la retraite sous les forts.

Lundi 17. — La nuit a été calme sous les forts de Montrouge et de Vanves ; mais, sous le fort d'Issy, la fusillade et la canonnade ont duré assez longtemps. Les batteries du plateau ont rudement tonné sur ce fort. Mais ces batteries ne paraissent pas être assez puissantes. Sans être homme du métier, il semble cependant que si Versailles couronnait de canons de fort calibre et de grande portée les hauteurs de Châtillon, les forts ne résisteraient pas quarante-huit heures à un bombardement d'une quarantaine de pièces de siège. On nous assure qu'on s'occupe là-haut des travaux nécessaires à l'établissement de nouvelles batteries, que les pièces sont déjà arrivées au Petit-Bicêtre. Que de jours vont s'écouler encore avant que ces batteries puissent entrer en action ! Nous pouvons être tous tués d'ici là et nos maisons peuvent être renversées.

J'ai reçu aujourd'hui, avec quelques journaux de Paris, la collection du *Journal officiel* de la Commune depuis le 1ᵉʳ avril. Pauvres Parisiens ! si les nouvelles que la Commune vous

payer chopine aux artilleurs de la pièce pour se donner cette satisfaction. Ils ont été extrêmement nombreux les insurgés qui ont voulu avoir l'honneur d'envoyer un obus aux Versaillais ou plutôt à nos malheureux habitants. Puis vint le tour des dames de ces messieurs, qui voulurent aussi pouvoir inscrire sur leurs titres de service le tir d'un coup de canon contre les brigands de Versailles ou les infâmes ruraux. Les choses allèrent si loin, que Cluseret lui-même fit un ordre du jour qui resta impuissant contre ce dévergondage du canon.

donne d'autre part sont aussi exactes que celles qu'elle publie de Châtillon, de Vanves, d'Issy et de Montrouge, vous pouvez vous vanter de connaître précisément le contraire de la vérité.

Toute l'après-midi, jusqu'à sept heures du soir, bombardement furibond des forts sur le plateau. Les batteries des Hautes-Bruyères, également au pouvoir des insurgés, se mêlent à la partie. Notre situation, évidemment, s'aggrave ici, placés que nous sommes entre quatre feux. Cette batterie des Hautes-Bruyères a fortement endommagé aujourd'hui la rue de Fontenay, dont les maisons avaient été épargnées jusqu'ici. Tout Châtillon y passera.

Mais que fait donc Versailles? Tout l'intérêt, toute la préoccupation se portent vers l'ouest de Paris, et personne ne semble connaître la déplorable situation de la banlieue du Sud, dont les insurgés font chair à pâté, sur laquelle ils entassent décombres sur ruines. Les journaux de la Commune ont l'impudeur de s'indigner de quelques obus lancés par l'armée de Versailles sur une petite partie de l'enceinte de Paris, mais ils se gardent bien de rapporter les horribles désastres causés dans nos villages par les obus et les balles des insurgés. Aujourd'hui encore, un malheureux cantinier qui allait porter à boire aux soldats a eu le bras traversé par une balle.

Vers dix heures du soir, la fusillade s'engage sur les mêmes points que la veille. La troupe ne répond pas à deux attaques successives. A la troisième attaque, trois feux de peloton successifs se font entendre. Le feu des insurgés s'éteint presque subitement. Les batteries supérieures font rage. Silence complet à minuit.

Mardi 18. — Matinée entièrement calme. Probablement que les feux de peloton de la nuit dernière ont causé de grandes pertes aux insurgés. On dirait d'une suspension d'armes pour l'enlèvement des morts et des blessés. — On entend une canonnade vers Paris.

Il y a aujourd'hui un mois que Paris est au pouvoir de l'insurrection, et qui aurait pu penser qu'elle durerait aussi longtemps! La proclamation des maires, affichée le soir du 25 mars en faveur du vote pour le lendemain, a tout perdu, il faut le répéter afin que la responsabilité de cette funeste balourdise retombe sur ceux qui l'ont commise. La résistance commençait à devenir très-inquiétante pour l'insurrection; elle était maîtresse, cette résistance, du Ier arrondissement, c'est-à-dire du Louvre, des Tuileries, d'une partie des quais, et de la rue Saint-Honoré; du 2e arrondissement, c'est-à-dire de la Bourse, de la Banque et de la partie centrale de la ville; du 8e arrondissement, c'est-à-dire du faubourg Saint-Honoré, de la Madeleine et des Champs-Élysées; du 9e arrondissement, c'est-à-dire de l'Opéra et des Boulevards depuis la porte Montmartre jusqu'à la Madeleine; un jour de plus, et la résistance s'étendait dans toute la ville de manière à concentrer l'insurrection dans quelques faubourgs, sur les hauteurs de Montmartre, de La Villette et de Belleville. L'armée de Versailles la tournant par derrière, l'insurrection se serait trouvée placée entre deux feux, sa rapide fin n'était pas douteuse et très-probablement elle eût eu lieu sans grande effusion de sang. La déplorable proclamation des maires vint tout désorganiser. Ils eurent, sans doute, de bonnes intentions ces naïfs magistrats qui se laissèrent prendre aux promesses de conciliation du comité insurrectionnel; ils crurent bien agir, tant il est vrai que, dans ces moments de troubles, le plus difficile n'est pas de faire son devoir, mais de le connaître. Ils espéraient ainsi éviter la guerre civile et que Paris, une fois maître de sa Commune au nom de laquelle se faisait l'insurrection, l'insurrection allait s'éteindre, l'Assemblée nationale acceptant cette solution pacifique, et Paris trouvant satisfaction dans la possession de ses droits municipaux.

Il n'y avait pas évidemment parmi ces maires un homme qui eût le véritable sentiment de la situation; pas un qui ait vu que, pour ses plus audacieux incitateurs, l'insurrection n'était, au fond, ni municipale, ni même politique; que la conservation de la République, que les garanties municipales n'étaient que des mots, des drapeaux, des prétextes par lesquels les habiles meneurs du mouvement cachaient leur but véritable, et ce but, c'est la révolution socialiste, c'est-à-dire l'insurrection du prolétariat, de l'ouvrier, de celui qui ne possède pas, contre le patriciat et la bourgeoisie, contre le patron, contre la propriété.

Une chose qui doit frapper tout le monde, c'est que la Commune, telle qu'elle a surgi de l'insurrection, n'a pas encore formulé de programme net et précis, c'est que personne ne peut dire au juste ce qu'elle veut, et que, à part une phraséologie banale sur la République, les droits du peuple et autres vagues protestations, il est impossible de saisir la véritable signification du mouvement insurrectionnel. Pourquoi? C'est que, à mon sens, ce mouvement est composé lui-même de deux éléments qui s'épient déjà pour bientôt s'entre-choquer si peu que dure l'insurrection. Je n'ai aucune prétention de devin ou de prophète; ce que j'écris ici, aujourd'hui, 18 avril, à trois heures de l'après-midi, au bruit de la canonnade, et un obus venant d'éclater à quelques mètres de ma demeure, ne sort du cerveau ni d'un homme d'Etat ni d'un profond politique; c'est la libre pensée d'un malheureux bloqué dans sa maison, et qui se demande anxieusement: voyons, comment tout cela peut-il finir? Quelle est, dans ton petit bon sens, la solution probable de cette terrible agitation?

Je dis donc que, dans la Commune, il y a deux éléments destinés l'un à détruire l'autre, si on leur en donne le temps: l'élément jacobin, ou révolutionnaire pur, qui s'attache surtout à une certaine forme de gouvernement, et l'élément socialiste à qui la question politique est à peu près indifférente. Ces deux éléments se sont groupés et associés pour faire l'insurrection, mais l'insurrection victorieuse ou seulement durant quelques semaines, la division éclatera et l'un tuera l'autre.

A mon avis, et en supposant toujours la victoire ou une certaine durée à l'insurrection, c'est le socialiste qui tuera le jacobin, après que celui-ci se sera préalablement décimé lui-même.

Le jacobin ne représente plus rien aujourd'hui; c'est un plagiat, un anachronisme, un non-sens. « La révolution pour la révolution. » Personne ne comprend plus cette formule, si ce n'est quelques insensés, maladroits imitateurs d'autres insensés qui eurent noms Hébert et Marat. Le jacobin terroriste est en horreur à la France. Livré à ses propres ressources, son règne ne durerait pas vingt-quatre heures. Sa seule habileté a consisté à s'allier avec le socialiste; mais cette habileté lui coûtera cher, car c'est pour son allié, il le verra trop tard, qu'il tire les marrons du feu.

Le socialiste, au contraire, a un plan, un but, un programme; il sait bien ce qu'il veut, où il tend, et il connaît les forces dont il dispose. C'est cette partie du socialisme représentée par la *Société internationale*, dont les chefs intelligents et éclairés commandent à une armée brave et disciplinée d'adhérents; c'est elle qui a fait la révolution du 18 mars.

Cette Société, presque indifférente à la forme de gouvernement, que l'on trouve sous tous les gouvernements, républicains en Amérique et en Suisse, monarchistes en Allemagne et en Angleterre, qui s'insurge non pour un roi ni contre un prince, mais à ce seul cri : Vivre en travaillant ou mourir en combattant, pose résolûment le problème sur la question de l'ouvrier; de l'ouvrier qui veut se substituer à toutes les autres classes de la société, qui s'insurge contre le capital, qui ne reconnaît ni religion, ni famille, ni propriété, et qui veut dépouiller aujourd'hui la bourgeoisie, comme en 89 la bourgeoisie dépouilla les prêtres et les nobles.

Cette question, on ne peut la supprimer ni par des lois répressives, ni par le canon. Elle grandit sans cesse; Louis-Philippe ne put l'étouffer à Lyon, il ne put que la comprimer un instant, comme Cavaignac dans les sanglantes journées de juin ; sous l'Empire, les grèves du Creusot, de Saint-Étienne, de Mulhouse la montraient toujours présente et toujours menaçante; l'insurrection actuelle n'en est enfin qu'une explosion nouvelle et terrible, à laquelle les niais du jacobinisme et les enfants perdus du républicanisme prêtent bêtement leur concours.

Celui-là seul sera un grand politique, un véritable homme d'État prévoyant et habile, un nouveau Robert Peel, qui saisira le taureau par les cornes, appréciera ce qu'il peut y avoir de légitime dans les aspirations du prolétariat et rendre une nouvelle révolte impossible. Je n'hésite pas à croire que si, aujourd'hui 18 avril, M. Thiers, avec son grand sens politique, présentait à l'Assemblée nationale un décret dont il demanderait l'adoption immédiate, et qui donnerait satisfaction immédiate à certains griefs des ouvriers, je n'hésite pas à dire que demain l'insurrection de Paris serait éteinte, et que les jacobins, honteusement chassés de l'Hôtel de Ville, auraient beaucoup de peine à sauver leur vie en se cachant dans quelque bateau de charbon.

Ces réflexions me font oublier que, pendant que je les écris, la canonnade est aussi frénétique que les autres jours. Quel infâme gaspillage de munitions! Les gamins du pays, pendant les éclaircies de silence, se hasardent sur la côte et reviennent avec des sacs pleins d'éclats d'obus et d'obus entiers qui n'ont pas éclaté. J'en ai trouvé plusieurs dans mon jardin, dont deux surtout que je veux faire monter en candélabres. Ce sera original. J'ai recueilli aussi une si grande grande quantité de balles, également tombées dans mon jardin, que je veux faire couler ce plomb en statuette de la Liberté. Il est vrai que je n'entends pas la liberté à la façon des *frères et amis* qui m'ont envoyé ce plomb homicide.

Ce soir, à sept heures, six imprudents insurgés sont venus à 100 mètres de notre première barricade et ont fait feu ; la riposte a été terrible : tous les six sont tombés sur le carreau, morts ou blessés.

Je rends ce témoignage véridique à l'armée : jamais elle n'attaque, et même elle ne riposte que lorsque le feu des insurgés s'approche assez pour devenir dangereux. En publiant le contraire, la Commune ne dit pas la vérité.

Ce que j'atteste aussi, c'est que l'armée est frémissante d'impatience et d'irritation. La garnison de Châtillon changeant tous les jours, quatorze ou quinze régiments ont déjà passé sous mes yeux depuis le commencement des hostilités : je me suis entretenu avec un grand nombre d'officiers de tout grade, et surtout de soldats, notamment aussi avec plusieurs confrères, médecins de ces régiments; eh bien, je déclare que je suis presque effrayé des sentiments de l'armée sur cette insurrection. S'il y a mêlée, elle sera terrible et sans merci. Quelle épouvantable responsabilité assument sur leur tête les meneurs de l'Hôtel de Ville, qui leurrent tous les jours la garde nationale du prétendu découragement de l'armée !

Mercredi 19. — Qu'il y a longtemps que nous n'avions joui d'une nuit aussi calme ! Pas un coup de canon, pas un coup de fusil ; nous commencions à espérer quelque bonne nouvelle de pacification lorsque, à cinq heures du matin, les canons des trois forts se sont remis à tonner avec rage jusqu'à dix heures ; accalmie jusqu'à deux heures, où le vacarme a recommencé jusqu'à la nuit.

Quel supplice pour un amateur de jardin comme je le suis, de voir ce que je vois ! J'ai là sous les yeux un très-beau poirier d'Angleterre couvert de fleurs et dévoré par les chenilles ; j'en compte seize affreuses grappes. Pour les détruire, il faudrait monter dans l'arbre ; impossible, car il est en vue du fort d'Issy et du fort de Vanves, et aussitôt que les artilleurs aperçoivent qui que ce soit aux fenêtres ou dans le jardin, ils envoient un obus. Malheur à qui, dans la nuit, allume une bougie dans les chambres supérieures ! Du haut de la terrasse qui surmonte ma maison, je dominerais tout le théâtre de la guerre, depuis le coteau de Saint-Cloud, le mont Valérien, jusqu'à Vincennes ; ce serait un observatoire merveilleux ; le commandant de la place m'a plusieurs fois demandé à y monter, j'ai toujours et énergiquement refusé, en disant que je n'ouvrirais la porte que contraint et forcé, que je ne voulais pas exposer ma maison et le voisinage à un bombardement inévitable. Le commandant n'a pas insisté et ma terrasse n'est pas devenue un observatoire périlleux.

Voilà trois jours que nous sommes absolument sans nouvelles de Paris et de Versailles. Les ravitailleurs de Châtillon obtenaient jusqu'ici des laisser-passer soit pour Paris, soit pour les localités voisines. L'autorité militaire les a tous suspendus aujourd'hui. Cette mesure n'est probablement que temporaire, car nous serions ici bientôt affamés. Venus pour passer huit ou dix jours, nous n'avions emporté ni provisions, ni vêtements, ni linge. Voilà aujourd'hui vingt-trois jours que nous avons quitté Paris, et je laisse à penser dans quel état nous sommes. Sans être un sybarite, le confortable ne me déplaît pas. Ma vie actuelle, franchement, n'est pas agréable. L'épreuve est un peu rude. Cependant, à tout prendre et malgré les périls réels qui m'entourent, j'aime encore mieux être ici qu'à Paris. On nous parle des plus sinistres éventualités, de barricades formidables s'élevant à la hauteur du cinquième étage, d'égouts torpillés, d'intention de résistance à outrance jusqu'à faire sauter ou brûler Paris. Tout cela est-il, mon Dieu possible ! et dans cette population de deux millions d'habitants, ne se rencontrera-t-il donc pas cinquante mille hommes bien déterminés à en finir avec ces insensés agitateurs !

D'un autre côté, on nous raconte que la dissension est dans le camp des insurgés, que des désertions nombreuses ont lieu tous les jours dans leurs rangs, que deux bataillons de Montrouge ont refusé de marcher, que les dernières élections pour remplacer les membres démissionnaires de la Commune ont eu lieu avec une minorité dérisoire ; que Paris, enfin, secouant sa terreur, s'agite et s'organise ; où est la vérité dans ces nouvelles contradictoires ? — C'est un cauchemar affreux que notre existence.

Et dire que j'ai éprouvé cependant une sensation délicieuse, en entendant pour la première fois, tout à l'heure, dans un jardin voisin, les trilles éclatants du rossignol. Chanteur charmant, te voilà donc revenu sous notre ciel si tourmenté! Laisse-moi regarder ton retour comme une espérance.

Jeudi 20. — Nuit très-calme; pas un coup de canon, pas un coup de fusil. Les insurgés renonceraient-ils donc à remporter tous les soirs une nouvelle victoire? Les garnisons des forts deviennent-elles moins nombreuses, ou se refuseraient-elles à ces sorties ineptes qui leur faisaient perdre toutes les nuits un plus ou moins grand nombre d'hommes? Toutes les suppositions sont possibles.

Dès six heures du matin, les forts sonnent l'*Angelus*; c'est de règle. Leurs agissements sont si intelligemment dirigés que nous savons ici parfaitement à quelles heures du jour nous devons redoubler de précautions. On comprend que les batteries du plateau sont aussi intéressées que nous à se précautionner. Tout cela semble véritablement inspiré par la sottise et l'ignorance.

Voilà vingt jours que nos cultivateurs désolés ont été forcés d'abandonner leurs champs, et dans cette saison si propice à la culture, par un temps superbe et une température admirable! Et cela, après un siége de six mois qui avait empêché les travaux d'automne et d'hiver. C'est un désastre ajouté à un désastre. La Commune achève la ruine de la banlieue de Paris. Aussi, faut-il entendre les cultivateurs; quelle haine, quelle indignation contre les auteurs de ces catastrophes! Le ressentiment contre les Prussiens était certainement bien vif, plus vif encore est celui de nos cultivateurs contre les *communeux*. Voilà où nous en sommes, et dans toute la France, c'est la même chose. Ces affreux insurgés assassinent la République et la Liberté; une fois encore la France est prête à se livrer pieds et poings liés à qui lui promettra l'ordre et la fin de cette guerre impie. Être obligé, dans le trouble de sa conscience, de se poser cette question navrante : Despotisme pour despotisme, lequel préférer?

A dix heures du matin, les obus pleuvent sur les maisons voisines. Que se passe-t-il? Je l'ignore; les forts tirent avec rage, le plateau leur répond avec fureur; la fusillade se fait entendre du côté de Clamart, la mitrailleuse s'en mêle; pourquoi tout ce vacarme? Mystère. A onze heures, silence. Voyez comme il est difficile d'être renseigné. Je me trouve placé au milieu de l'action, à 2 ou 300 mètres des belligérants, j'interroge les officiers, et il m'est impossible de saisir la signification du combat qui vient de se livrer. Je ne me rends compte que de ce fait, à savoir que, de part et d'autre, les combattants ont gardé leur position. Aussi, j'admire l'assurance de ces reporters de journaux qui décrivent avec une précision surprenante des batailles auxquelles ils ont assisté les pieds dans leurs pantoufles et au coin de leur feu. Je ne crois pas même que la Commune, je veux lui faire cet honneur, sache exactement ce qui se passe dans les forts du Sud; car, à moins qu'elle ne soit frappée d'imbécillité, elle renoncerait à ces ineptes bulletins de victoire. Ah! si je pouvais la tenir dans un petit coin et que librement je pusse lui dire ma façon de penser!

« En vérité, savez-vous ce que vous faites? lui dirais-je. Non, vous l'ignorez, car il n'est pas possible d'admettre, si aveuglée que vous soyez par le fanatisme insurrectionnel, que vous approuviez ce qui se fait en votre nom sous les forts du Sud. Que prétendent donc et que veulent vos hommes de guerre? Se réemparer des hauteurs que leur armée a si lâchement abandonnées le 3 et le 4 avril dernier? Ce ne serait que de l'insanité. Vos artilleurs se livrent à un gaspillage effroyable de munitions, et ils n'ont pu empêcher de mettre en position un seul canon des nombreuses batteries qui vont bientôt foudroyer vos forts et vos remparts. Toutes vos sorties nocturnes, où vos 1,200 hommes brûlent chacun leur 80 cartouches, ne vous ont pas fait avancer d'un centimètre; tandis que vous ne savez pas vous opposer aux travaux d'approche de l'armée que toutes les nuits le génie exécute à quelques mètres de vos forts, et qui vont bientôt les enserrer dans un cercle de feu. Vous a-t-on dit que, depuis seize jours et seize nuits de bombardement incessant et de fusillade continue, vous n'avez pas mis encore ici 20 hommes hors de combat? C'est pour ce piètre résultat que vous envoyez tous les jours plusieurs milliers d'obus et que vous brûlez près de cent mille cartouches!

« Ce que vous atteignez, et voilà l'odieux, ce sont nos pauvres maisons que vous réduisez en poussière, nos malheureux habitants, parmi lesquels vous avez déjà fait trop de victimes innocentes; ce sont nos champs que vous dévastez, nos cultures que vous anéantissez. Quoi! sans avertissement préalable, sans sommation aucune, vous bombardez depuis seize jours un malheureux village qui ne vous a fait aucun mal. Les six mois de siège nous ont été moins funestes que vos seize jours de guerre atroce et implacable : vous vous vouez à l'exécration de la génération présente et des générations à venir.

« Et quand vous aurez réduit en cendres notre malheureux village, qu'aurez-vous gagné ? De faciliter le bombardement de vos forts et de vos bastions par l'artillerie du plateau qui, elle, a reçu l'ordre de nous ménager et dont pas un seul obus ne nous a fait visite. Nous sommes bien plus un obstacle qu'un appui pour cette artillerie, de sorte que, malhabiles que vous êtes, votre aggression contre nous est un inepte crime, plus qu'un crime, une faute énorme. »

Je lui dirais bien autre chose encore à cette criminelle Commune si elle pouvait m'entendre. Mais ne faisons pas comme elle, ne jetons pas notre poudre aux moineaux.

J'ai pu lire aujourd'hui par extraordinaire trois journaux de Paris et du jour, le *Siècle,* la *Vérité* et le *Petit Moniteur.* Je les ai dévorés. Malgré toutes les précautions prises par les rédacteurs, il résulte assez clairement de leurs divers récits que les affaires de la Commune vont baissant. En ce qui nous concerne, toujours mêmes mensonges ; les insurgés sont attaqués tous les jours par l'armée de Versailles, qui est toujours repoussée. Ces enragés ont une persistance dans l'audace qui fait peur.

La canonnade, ouverte à six heures du matin, n'a fait silence qu'à huit heures du soir. Plus de deux mille obus ont passé sur ma tête en sifflant ; plusieurs se sont égarés dans des maisons voisines, et des éclats en grand nombre ont rejailli dans mon jardin. Je m'informe, et j'apprends que le tir des insurgés est absolument mauvais et n'arrive pas au but une fois sur vingt. Il n'y a jusqu'ici presque pas de blessés dans l'artillerie de l'armée. Le fort d'Issy commence, au contraire, à être gravement endommagé.

Vendredi 21. — Nuit très-calme de la part des forts; très-bruyante par un ouragan de vent et de pluie. Décidément, les insurgés renoncent à leurs victoires nocturnes.

Je lisais dans les journaux d'hier la triste situation des habitants de Neuilly, de Levallois, d'Asnières; c'est lamentable et je les plains de toute mon âme ; ils se trouvent, en effet, placés sur le théâtre le plus sanglant et le plus exposé de cette action. Mais, pourquoi ces journaux qui s'apitoient si légitimement, d'ailleurs, sur les malheurs de la banlieue de l'Ouest, n'éprouvent-ils pas la même pitié pour la banlieue du Sud, pour les malheureux habitants de ce ravissant coteau qui s'étend de Sèvres à Choisy-le-Roi en abritant Bellevue, Meudon, Clamart, Châtillon, Fontenay-aux-Roses, Bagneux, Sceaux, Lhay, Thiais, Choisy-le-Roi, population infortunée exposée depuis dix-sept jours aux feux croisés de quatre forts et des bastions de l'enceinte, qui voit ses maisons, ses champs, ses vignes ravagés et dans des proportions infiniment plus graves que pendant le siége ?

Il est même très-remarquable que des habitations qui avaient été respectées par les Prussiens et par les Français, semblent être de préférence l'objectif des obus insurgés. Ils ne pourront pas prétexter que des exigences de la défense les obligent à ces immolations ; les Prussiens et les commandants des forts du Sud, s'entendaient un peu mieux, il faut le croire, aux manœuvres de la guerre que ces généraux improvisés dont les trois quarts des projectiles manquent le but. Pourquoi donc cet acharnement contre d'innocentes victimes ? La Commune aura à répondre à cette terrible interrogation.

Depuis bien avant le jour, nous entendons des détonations incessantes du côté de Paris. Une action qui paraît considérable est sans doute engagée vers l'Ouest, quoiqu'il ne faille guère juger, nous ne le voyons que trop ici, de l'importance d'une action par le bruit qui se fait. La conciliation, hélas! n'a donc fait aucun progrès !

D'après ce que j'ai lu hier, les rares journaux politiques qui subsistent encore sont unanimes pour réclamer à la Commune son programme. Là est le difficile pour la Commune, et cela précisément en raison des deux éléments opposés qui la composent et sur lesquels je me livrais, ces jours derniers, à quelques réflexions dont chaque jour vient me montrer le bien fondé. Les jacobins de la Commune, qui n'ont d'autre programme que le stupide programme des terroristes, ne veulent pas accepter celui de l'Internationale, qui est un programme socialiste ; de là des tiraillements qui se traduisent par l'absence de tout programme, ce qui fait échouer toute tentative de conciliation. J'ajoute, sans crainte de me tromper, que la conciliation ne sera possible que lorsque, dans la Commune, l'Internationale aura vaincu et terrassé les jacobins. Jusque-là, la guerre, la guerre atroce et ses plus sinistres éventualités. Le jacobin, politiquement trop compromis, ne peut pas accepter la conciliation ; il sent, il voit qu'il lui faut vaincre ou périr. L'Internationale, au contraire, moins engagée sur le terrain politique, accepterait la conciliation basée sur un décret de l'Assemblée, qui donnerait immédiatement satisfaction aux réformes qu'elle croit les plus légitimes, telles que les rapports des ouvriers avec les patrons, le principe reconnu de sa participation aux bénéfices, son droit à une retraite après un temps déterminé, etc. On peut, je le répète, ajourner toutes ces questions, mais les supprimer, non ; elles reparaîtront bientôt plus exigeantes et plus menaçantes.

Que les hommes expérimentés du Gouvernement et de l'Assemblée ne voient pas que là seulement est la solution de l'épouvantable crise que nous traversons, voilà ce que je ne peux compendre.....

Il est midi et le canon gronde toujours du côté de Paris. Depuis avant l'aube, que de sang doit avoir coulé ! que de victimes de part et d'autre ! à moins que tout ce bruit qui se fait là-bas, n'ait pas de plus graves résultats que celui qui se fait ici. Car, enfin, depuis bientôt quinze jours que les belligérants sont en présence sur la partie ouest de Paris, qu'a-t-il été entrepris de décisif?

A cinq heures du soir, les détonations continuent.

Une forte batterie, dont l'objectif est le fort de Montrouge, a été établie à la demi-lune de Fontenay-aux-Roses. Elle vient d'ouvrir son premier feu, à titre d'essai. C'est formidable. D'autres batteries s'installent sur le plateau contre Issy et Vanves. Nous allons entendre un fameux vacarme.

Je reçois aujourd'hui, 21, une lettre de Richelot, datée du 17 et timbrée d'Épinay sur Seine ; elle a passé par les lignes prussiennes pour aller à Versailles et d'où elle m'a été expédiée. C'est avec émotion que je l'ai lue. Quelles navrantes nouvelles ! à quelles lamentables éventualités Paris paraît-il être condamné ! Au milieu de tous ces malheurs publics on oublie ses intérêts propres. Ils n'apparaissent cependant que sous de bien tristes prévisions.

Samedi 22. — Ici nuit calme ; plus d'exploits nocturnes ; trois ou quatre coups de canon des forts, sans doute pour inquiéter les travaux du plateau ; quelques rares coups de fusil dans la plaine, et c'est tout. Il est probable que le nombre des insurgés a diminué autour des forts ; mais, aussitôt qu'un képi rouge de l'armée se montre, les forts lui envoyent trois ou quatre obus. Que de bruit pour tuer un homme ! Et quelle prodigalité de projectiles !

Pendant une grande partie de la nuit et toute la matinée, les détonations d'artillerie sont entendues du côté de Paris. Nous apercevons de temps à autre un panache de fumée sur le Mont-Valérien. N'être distants que de 3 ou 4 kilomètres du théâtre des événements, et n'en pas connaître le premier mot ! Ce supplice est énervant.

Mais nous voilà rappelés à nos propres misères. Après une matinée assez paisible, nous avons eu une après-midi terrible. Ça été semblable au jour néfaste de Pâques : canonnade, fusillade, mitrailleuses, boîtes à balles, tout a tonné, sifflé pendant plusieurs heures. Les artilleurs des forts avaient aujourd'hui trop bien déjeuné, ou bien ce sont des pointeurs bien novices. La plupart de leurs coups ont porté bas, au détriment de nos maisons sur lesquelles les obus pleuvaient comme grêle. C'était effrayant. Nous apprenons à mourir, et si, comme le dit Montaigne, « philosopher, c'est apprendre à mourir, » avec lui nous pouvons ajouter en parlant de la mort et plus opportunément que lui-même : « Il n'est lieu d'où elle ne nous vienne ; nous pouvons tourner sans cesse la teste çà et là, comme en pays suspect. » Avec Cicéron, nous pouvons dire encore : « Elle nous menace sans cesse, c'est le rocher suspendu sur la tête de Tantale : *Quæ, quasi saxum Tantalo, semper impendet.* »

Ça été l'une de mes grandes diversions, dans ces tristes jours qui viennent de s'écouler, de lire et de relire encore cet immortel chapitre des *Essais* sur le mépris de la mort. Je suis bien en situation pour en sentir toutes les consolations. Montaigne l'écrivait étant plein de vie et de santé, moi je le lis comme le ferait presque un condamné à mort, et cette épreuve lui a été favorable. Il y manque cependant pour moi quelque chose, et c'est beaucoup ; c'est un rayon de foi en l'immortalité de l'âme ; ce parfum d'espérance en une vie future qui naît de la philosophie spiritualiste. A son point de vue, railleur et sceptique, le philosophe périgourdin donne sans doute du cœur et une certaine quiétude au milieu des plus grands périls ; mais c'est la quiétude du néant ; c'est froid comme la pierre du tombeau, et, après avoir lu ce chapitre, je voudrais pouvoir lire une page de Descartes, ou de Pascal, ou de Bossuet. Malheureusement, je suis ici sans autres livres que le livre de Montaigne. Alors me revient en mémoire ce charmant quatrain du malheureux Gérard de Nerval :

> Espère enfin, mon âme, espère !
> Du doute brise le réseau ;
> Non, ce globe n'est pas ton père,
> Le nid n'a pas créé l'oiseau.

Plus heureusement, je vis dans un milieu exempt de faiblesse et de pusillanimité ; ma femme est vaillante et courageuse. Vingt fois je l'ai pressée d'abandonner nos pénates et d'aller nous réfugier dans des lieux moins exposés : « A notre âge, la vie ne mérite pas tant de souci, m'a-t-elle toujours répondu, mieux vaut mourir chez soi. » En ajoutant de ces réflexions topiques et ménagères, auxquelles, hélas ! il est impossible de ne pas se rendre. *Res angusta domi,* dirai-je aussi discrètement que possible. Toujours est-il que nous nous sommes promis, si l'un ou l'autre est tué, de le déposer, jusqu'au jour possible de l'inhumation, sous le cèdre qui orne notre petit jardin. Quoique après tout, qu'importe le lieu où reposeront nos restes, et pourquoi s'inquiéter du milieu où s'opérera la dissociation de nos éléments organiques ? Tout reviendra au réservoir commun d'où tout est venu. Un ancien nous le disait déjà avant la chimie moderne :

> *Quæris quo jaceas post obitum loco ?*
> *Quo non nata jacent.*

« Tu demandes où tu seras après la mort ? Où sont les choses à naître. » Oui tout, excepté ce qui fait que je pense et qui me donne la conscience que je pense ; mais passons.

Depuis le jour de Pâques, nous n'avions pas assisté à un bombardement pareil. J'ai compté que, depuis midi jusqu'à cinq heures du soir, les trois forts d'Issy, de Vanves et de Montrouge ont tiré, réunis, sept à huit coups par minute. Et pourquoi ? Un lieutenant de l'armée vient de me l'expliquer : Un capitaine, agacé par le tiraillement incessant des insurgés placés dans les tranchées, sous les forts, a donné l'ordre à sa compagnie, également protégée d'ailleurs par une tranchée creusée derrière notre cimetière, de riposter. Le feu de cette compagnie ayant fait découvrir sa position, les trois forts à la fois ont dirigé le leur vers cette position pendant cinq heures. Quel a été le résultat ? Six hommes peu grièvement blessés par des éclats d'obus. Ainsi, pour mettre six hommes hors de combat, les habiles commandants des forts ont gaspillé le chiffre énorme de deux mille quatre cents obus.... ! C'est du délire, délire qui coûte bien cher à notre malheureux village. Plusieurs maisons ont été cruellement endommagées. Mes toitures ont reçu plusieurs éclats qui ont fait des trous ; un orage éclate, et tous mes plafonds du haut qui venaient d'être refaits sont inondés.

Dimanche 23. — Le canon a grondé du côté de Paris jusque bien avant dans la nuit. Ici, calme parfait ; plus d'expéditions nocturnes que dans l'*Officiel* de la Commune, qui racontait impudemment encore hier que, dans la nuit précédente, l'armée avait attaqué le fort de Montrouge et avait été repoussée jusque dans Bagneux. Énorme mensonge. Il ne fut pas tiré un coup de fusil.

Voici midi et nous sommes encore dans le calme ; il y a bien des jours que pareille chose ne s'était vue. Je profite de cette accalmie pour me tâter un peu et voir ce que devient le physique, c'est-à-dire la bête au milieu de toutes ces émotions morales. J'ai honte de le dire : la bête ne va pas trop mal. Dans les premiers jours, j'éprouvais des tressaillements à chaque coup de canon, j'étais tourmenté par des battements de cœur forts et fréquents, mon tremblement des mains avait très-sensiblement augmenté, et ma langue était prise d'une sorte de chorée insupportable que j'ai, d'ailleurs, souvent éprouvée dans ma vie à l'occasion de vives émotions, et elles ne m'ont pas manqué. C'est un phénomène bizarre et que je n'ai vu décrit nulle part. Les muscles de la langue entrent en convulsions et font exécuter à l'organe des mouvements désordonnés à droite, à gauche, font coller la langue sur la voûte palatine ou se recourber sur le frein, l'entretiennent continuellement en mouvement, ce qui occasionne une sensation des plus incommodes et des plus agaçantes. La parole en est fort gênée, l'articulation pénible ; dans ces moments, il me serait impossible de lire à haute voix, et j'ai de la peine à soutenir une conversation. A ces mouvements convulsifs des muscles linguaux, la volonté est complétement étrangère ; elle ne peut ni les arrêter ni les modifier, quelque effort que je fasse. Le sommeil les suspend, mais ils reprennent quelques instants après le réveil. J'ai subi cette incommodité pendant les premiers huit jours, mais il paraît que je m'habitue au tonitruant tapage du bombardement, puisque mes muscles linguaux et cardiaques sont rentrés dans l'ordre. Qu'arrivera-t-il après, si j'ai un après ?

Lundi 24. — Vingtième jour de bombardement. Cette nuit a été moins calme que les précédentes. Le canon des forts a grondé plusieurs fois. C'est un réveil peu agréable, je l'assure. L'armée s'attendait-elle à quelque attaque ? La troupe a été augmentée hier au soir. Le coup a probablement raté. Ce matin au crépuscule, canonnade furieuse sur toute la ligne des forts, au grand détriment encore de nos pauvres maisons, dont plusieurs ont reçu de nouvelles et graves atteintes. Chez moi, rien encore que des éclats sur les toitures et de nouveaux dégâts sur mes pauvres arbres.

A l'instant même (une heure après midi), je viens de l'échapper belle : me trouvant à la grille de ma maison, avec ma femme, une balle partie des tranchées des insurgés frôle ma poitrine, écornifle l'angle du mur et va se perdre dans la rue. Un centimètre de plus et mon affaire était faite.

Depuis avant le jour, canonnades et fusillades incessantes et sans riposte de la part de l'armée. Ils sont donc enragés aujourd'hui.

On nous assure qu'à cette heure, quatre heures du soir, M. Thiers, accompagné par le maréchal Mac-Mahon, visite les tranchées et les batteries du plateau. Les insurgés le savent-ils ? La fureur de leur tir le ferait croire. M. Thiers s'expose évidemment à de grands dangers.

De tristes nouvelles nous arrivent des villages environnants. Clamart serait encore plus maltraité que nous. La remarquable église de Bagneux, monument roman d'un beau style, serait en ruines. Fontenay-aux-Roses serait en butte aux fureurs des batteries de Montrouge, du Moulin-Saquet et des Hautes-Bruyères. Que de ruines, mon Dieu !

Jusqu'ici les ravitailleurs de Châtillon, par quelques subterfuges ou par des voies détournées, pouvaient aller jusqu'à Paris. Dès aujourd'hui, tout laisser-passer est interdit, nous ne pouvons plus rien apprendre de Paris que par Versailles, dont les communications ne nous arrivent qu'en retard de trois à quatre jours.

Je n'ai eu connaissance qu'aujourd'hui du fameux programme de la Commune. Qu'est-ce que cela, grand Dieu ! Jamais peuple intelligent et généreux a-t-il été traité avec plus de mépris ! Quoi, c'est pour ce gâchis politico-socialiste que la France subirait ces ineptes gouvernants ! O Paris dont la renommée éclipsait celle d'Athènes et de Rome, tu n'as pas frémi d'indignation, tu ne t'es pas soulevé de colère en lisant ce manifeste odieux et grotesque ! Comment effaceras-tu de ton histoire cette honteuse page de ta défaillance ! Est-ce possible ? N'est-ce pas un affreux cauchemar qui m'oppresse ? Paris, par une métamorphose subite et funeste n'est-il pas tombé dans l'inertie du fatalisme oriental ? Non, ce n'est plus le Paris que nous habitions il y a quelques jours encore, le Paris siége de l'Institut de France, de nos écoles célèbres, demeure des savants, des lettrés, des artistes, les premiers du monde ; ce n'est plus le Paris de Notre-Dame, du Panthéon et du Louvre, des plus riches bibliothèques de l'univers et des musées les plus splendides ; ce n'est plus le Paris de Descartes, de Pascal, de Bossuet, de Molière, de Corneille, de Racine et de Voltaire, de Buffon et de Cuvier, de Gay-Lussac et d'Arago, du Poussin et de Jean Goujon, de Boïeldieu et d'Auber ! O Paris, qui enfiévrais le monde de la fièvre des sciences, des lettres et des arts, Paris si élégant, si spirituel et dont la civilisation aimable et douce rayonnait sur le monde, ô mon beau Paris de l'Exposition de 1867 qu'es-tu devenu, que vas-tu devenir si le règne des affreux tyrans qui t'oppriment dure encore ce qu'il a duré ! Est-on malheureux de vivre, est-on honteux d'être Français pour être obligé d'assister à cet écrasant et rapide renversement de la raison, du sens commun, de la justice, de la liberté, du droit, de la morale, de la civilisation entière ! Que Paris tombe écrasé sous les obus de l'armée de Thiers, ou anéanti par l'ignoble armée de la Commune, n'est-ce pas l'éventualité sinistre qui nous attend ? Et faudra-t-il sur les ruines de notre belle capitale inscrire cette épitaphe douloureuse : *Ubi Troja fuit !*

Espérons, mon Dieu ! espérons que de ce grand mal pourra sortir un peu de bien. Peut-être que la France avait encore besoin de ce nouvel et fatal exemple pour se guérir de la maladie qui depuis un siècle la ronge. Ainsi, à Sparte, donnait-on aux jeunes gens le spectacle des ilotes ivres pour les prémunir contre l'ivrognerie. Nous voyons à l'œuvre cette démocratie à outrance, qui est à la véritable et saine démocratie ce que le poison est au médicament.

La prolongation de cette lutte atroce me fait craindre que l'élément insurrectionnel socialiste n'ait pu ou n'ait voulu se séparer de l'élément jacobin. Tant pis pour le socialisme ; il retarde ainsi pour longtemps, confondu qu'il va se trouver dans l'exécration générale, la réalisation de ce qu'il y a de juste dans ses aspirations. Décidément, il n'y a pas d'homme pratique dans ce parti. On dit d'ailleurs, et c'est ce qui pourrait expliquer cette défaillance, que la forte tête de l'Internationale, le citoyen Assi, a été arrêté par la Commune.

Mardi 25. — Nuit agitée ; canonnade et fusillade sur divers points. Dès six heures du matin, les batteries du plateau, enfin en position, ouvrent un feu terrible contre les forts, qui ripostent avec rage. C'est un bruit infernal et qui se prolonge jusqu'au soir. Ah ! nos pauvres maisons en ont vu de cruelles. Par un bonheur qui dure encore, je ne reçois que des éclats qui ne font dommage qu'à mes malheureux arbres. Un obus tombe dans mon jardin sans éclater. C'est le cinquième.

Quel a été le résultat de ce terrible combat d'artillerie? Je l'ignore encore à cette heure, car il est impossible de se montrer aux fenêtres ou de monter à mon observatoire, d'où je pourrais me rendre compte des dommages subis par les forts. Je ne vois pas cependant que leurs feux soient éteints d'aucun côté, car ils bombardent toujours.

J'ai eu, ce matin, une vive inquiétude : un capitaine d'artillerie est venu visiter ce qui reste de la batterie élevée par les Prussiens au fond de mon jardin, qui en avait été bouleversé presque complétement. Heureusement qu'elle a été à peu près détruite par les maraudeurs, qui se sont emparés des fascines, des gabions et des bois de casemates. Aux questions qui lui ont été adressées, ma femme a répondu très-habilement et de manière à éloigner l'intention de ce capitaine. Il ne manquerait plus que ce complément à mon malheur. Décidément, alors, la place ne serait plus tenable.

L'irritation des malheureux cultivateurs qui m'entourent et auxquels je m'efforce de prêcher la résignation et la patience, va jusqu'à la fureur. Ces pauvres gens, après avoir perdu leurs récoltes d'automne, après avoir subi les douloureuses exigences du long siége de Paris, rentrent dans leurs foyers après la paix et reprennent avec ardeur et courage leurs travaux de culture. Survient cette horrible insurrection qui vient tout paralyser et empêcher leurs semailles de printemps en ruinant toutes leurs espérances d'une récolte prochaine, détruisant leurs habitations et menaçant leur vie. En vérité, tout cela est bien fait pour exciter leur colère. Aussi, faut-il les entendre vitupérer contre Paris et même contre Versailles. — Pourquoi tant de ménagements contre cet infâme Paris, disent-ils? Pourquoi tous ces coquins qui l'habitent ne sont-ils pas écrasés? M. Thiers ménage Paris parce qu'il y possède un hôtel, et les députés la même chose, et les généraux de même. Ils aiment mieux nous sacrifier, nous, pauvres habitants de la campagne, que d'enlever un moellon à leurs somptueuses demeures.

C'est tous les jours, et depuis longtemps, que j'entends ce langage irrité : Nous tenons à nos chaumières comme ils tiennent à leurs palais. Qu'on brûle Paris et qu'on nous laisse tranquillement cultiver nos jardins et nos champs.

J'ai beau dire à ces braves gens : Mes bons amis, ne soyez pas injustes; vous attribuez aux Parisiens ce qui n'est le crime que d'une minorité factieuse. Dans un jour de trouble, de défaillance, de lâcheté, si vous voulez, ils ont oublié leur devoir et leurs intérêts; qu'ils en sont cruellement punis! Croyez-vous que le commerçant, l'industriel, le boutiquier de tout genre, l'ouvrier de tout état, le banquier, le notaire, l'avocat, le médecin, ne soit pas aussi malheureux que vous l'êtes de ce chômage prolongé de toutes les affaires? Ah! si l'on mettait aux voix la cessation de l'insurrection par la déchéance de la Commune, et que le vote fût libre, vous verriez par quelle immense majorité les perturbateurs seraient écrasés. On veut ménager Paris, dites-vous, ses monuments, ses palais, ses musées, ses bibliothèques, tout ce que cette grande ville possède de richesses en tout genre, et vous blâmez cela? Mais, si par la temporisation ou par la préparation d'un coup décisif et rapide, on peut parvenir à sauver Paris du bombardement, de l'incendie et du pillage, nous devrions tous en rendre grâce au Gouvernement. Vous souffrez, sans doute, dans vos champs, dans vos maisons; eh bien! évaluons un peu ce que Châtillon a souffert depuis bientôt un mois ; voulez-vous l'estimer à 300, à 400, à 500 mille francs ? C'est beaucoup, c'est trop ; soit ; mais une seule maison de Paris un peu grande vaut cela, et plus encore. Vous parlez de l'hôtel de M. Thiers, mais ne savez-vous pas que la Commune l'a confisqué, l'a pillé jusqu'à ce qu'elle le démolisse ? Et puis, mes braves amis, voyons, réfléchissez un peu, si Paris n'existait plus, s'il n'y avait plus ces magnifiques halles où vous portez et où l'on se dispute vos denrées tous les matins, où donc iriez-vous vendre vos choux, vos asperges, vos fraises, vos œufs et vos poules ? Y pensez-vous ? Paris anéanti, sa banlieue est morte à vingt lieues à la ronde.

J'ai beau, dis-je, m'évertuer à leur tenir ce langage sensé, la situation présente si malheureuse domine tout et pervertit leur sens commun. L'existence de Paris mise actuellement aux voix dans les campagnes, son affaire serait faite.

Mercredi 26. — Nuit absolument calme. Mais, dès cinq heures du matin, les forts commencent à canonner les batteries et les tranchées. Riposte des batteries du plateau ; mais le feu est moins violent qu'hier. A huit heures du soir, vive alerte et fusillade assez longue du côté d'Issy et qui se renouvelle vers onze heures. Résultat toujours le même : beaucoup de bruit pour rien.

Je me suis un peu amusé tout à l'heure au récit qui vient de m'être fait d'une conversation entre un habitant de Châtillon, charcutier de son état, et une bourgeoise du pays. Ce très-incandescent charcutier se plaignait en termes peu aimables de notre conseil municipal qui a mis son *veto* sur l'exploitation d'une nouvelle carrière à plâtre dans le bas du pays et par des motifs qui ont été trouvés fondés par l'autorité compétente.

— C'est une infamie, s'écriait le charcutier ; on ne cherche à attirer ici que les bourgeois pour en chasser les ouvriers. J'ai vu le temps où Châtillon comptait 1,200 ouvriers carriers ou plâtriers ; il n'en reste pas 200 aujourd'hui. Or, c'est l'ouvrier qui nous fait vivre et non pas le bourgeois.

— Je ne comprends pas bien le motif de votre plainte, répondait la bourgeoise ; s'il y a moins de carriers qu'autrefois, c'est que les carrières sont épuisées.

— Mais pourquoi ne pas laisser en ouvrir d'autres ?

— Il a sans doute de fortes raisons pour cela.

— Il n'y en a qu'une, c'est celle de ne pas attirer les ouvriers ici, des ouvriers qui nous font gagner notre vie plus que les bourgeois.

— De moins en moins je comprends votre raisonnement.

— Il est cependant bien simple : l'ouvrier mange beaucoup de lard et le bourgeois très-peu. Or, nous avons besoin d'ouvriers qui mangent beaucoup de lard.

— Ah ! je commence à comprendre ; vous êtes charcutier, c'est clair. Mais, à ce compte, que deviendraient vos concitoyens le boucher, le marchand de volailles, d'œufs, de beurre, de poisson et d'autres denrées que les bourgeois surtout consomment ? Tous ces commerçants seraient donc obligés de vendre aussi du lard, et alors, gare à la concurrence !

Ce dernier mot semble avoir déplu à ce brave charcutier qui a échappé à la difficulté par une impolitesse.

Ce petit récit, pris sur le vif, présente son petit enseignement. Hélas ! ne pensons-nous pas tous un peu et n'agissons-nous pas tous beaucoup comme ce charcutier de Châtillon! « Vous êtes orfèvre, Monsieur Josse, » et ce mot immortel de Molière est ce qu'il y a de plus vrai, de plus profond, de plus vivace et de plus déterminant dans les pensées et les actions des hommes ; on le trouve, ce dissolvant égoïsme, dans toutes les conditions sociales, nous ne voudrions tous d'autres habitants sur la terre que ceux qui mangeraient notre lard.

Jeudi 27. — Serait-ce aujourd'hui le grand jour? A deux heures du matin nous sommes réveillés par un bombardement terrible dirigé par les batteries supérieures contre les forts. Au jour, on voit distinctement les artilleurs du fort d'Issy qui retirent leurs pièces. Probablement qu'endommagées, ils cherchent à leur en substituer d'autres. C'est bien cela, car à huit heures du matin, les bastions du fort recommencent leurs feux. C'est ce fort d'Issy qui paraît être en ce moment l'objectif principal des batteries du plateau, très-inquiétées, cependant, par le fort de Vanves auquel elles semblent dédaigner de répondre.

Pour qui n'est pas du métier, il est difficile de comprendre la signification d'un combat d'artillerie. Ce qui me paraît le plus probable, c'est qu'on veut éteindre successivement les forts du Sud, avant de tenter l'assaut sur Paris. On commence par le fort d'Issy, dont les batteries de Meudon, de Clamart et de Châtillon feront certainement justice. Puis viendra le tour de Vanves, puis celui de Montrouge. Si c'est nécessaire, il faut bien se soumettre ; mais que ce sera long ! Il est certain que, pour s'emparer des remparts d'enceinte, il faut d'abord être maître des forts. Je ne me dissimule pas que c'est un siége en règle qui commence et dont nous ne voyons encore que les premières actions.

Quel contraste ! vers les trois heures ce matin, au milieu du fracas épouvantable de toutes ces bouches à feu, répété et répercuté en longs échos par les vallons d'alentour, le rossignol chantait son amoureuse chanson. Jamais musique humaine n'a plus agréablement résonné à mon tympan meurtri que cette musique de la nature.

Et volucres nulla dulcius arte canunt,

comme le dit, je crois, l'élégiaque Properce.

Le commandant de la place m'annonce qu'aujourd'hui, dans l'après-midi, le 69ᵉ de ligne a pris les Moulineaux sur les insurgés après un combat qui leur a été fatal. — C'est une guerre atroce, a-t-il ajouté ; nous ne sommes plus maîtres de nos soldats ; c'est avec fureur que, dans toutes les rencontres, ils se précipitent sur la garde nationale. — Quelle effroyable responsabilité pour les instigateurs de ces immolations! Et dire que, demain, l'*Officiel* de la Commune annoncera la grande victoire des Moulineaux ! Malheureuse garde nationale de Paris !

Vendredi 28. — Nuit terrible! Le bombardement réciproque n'a pas cessé, mêlé de fusillades. Dès le matin, la canonnade redouble. Notre situation s'aggrave de plus en plus. Tous les jours, nous nous disons : Jamais le bombardement n'a été aussi fort, et, le lendemain, il est plus terrible encore. C'est que, tous les jours, le plateau qui n'était pas prêt, et qui ne l'est pas entièrement encore, découvre une batterie nouvelle et que les forts, se sentant tous les jours de plus en plus menacés, redoublent de fureur dans leur défense. Ce matin surtout, le fort de Vanves a fait rage.

A ce jeu, la lutte sera longue. Les forts, malgré le bombardement qu'ils ont déjà subi de la part des Prussiens, font encore bonne contenance, et si l'artillerie du plateau ne triple pas ses feux, elle n'éteindra pas leurs feux de sitôt.

Nous sommes un peu découragés, à cette heure, de voir que rien n'avance, que rien de décisif n'est tenté ni ici, ni ailleurs. Que signifient donc ces bruyantes canonnades? On dirait, en vérité, que M. Thiers sent ses entrailles paternelles s'émouvoir en faveur des forts, qu'il les ménage ainsi.

L'irritation de nos habitants va *crescendo*; elle s'en prend indistinctement aux *deux* gouvernements, à celui de Paris de nous traiter si cruellement, à celui de Versailles de ne pas mieux nous protéger. Le ravitaillement devient ici de plus en plus difficile; tout est rare et très-cher. La frayeur commence à gagner la population et l'émigration prend de grandes proportions. Châtillon, qui compte 2,000 habitants, n'en a pas 600 dans ce moment.

Samedi 29. — Nuit relativement calme : trente coups de canons à peine; c'est presque du silence à côté du vacarme de l'autre nuit. Passage fréquent des troupes montant et descendant. Quel est le but de ce mouvement? Rien n'y paraît au matin qui, jusqu'à présent, dix heures, reste assez tranquille. On peut se hasarder dans le jardin, qui a reçu, hier, plusieurs éclats d'obus. Tous les jours nouveaux désastres; je renonce à les indiquer. *Tristis est anima mea usque ad mortem.*

Mon cher neveu de Versailles m'envoie depuis quelques jours le *Gaulois*, dont la lecture me distrait un peu, quoique ce journal soit souvent mal informé et qu'il se montre passionné. Si la Commune invente et rapporte des victoires fantastiques sous les forts, on ne devrait pas imiter cet exemple à Versailles, où une petite escarmouche sous Bagneux a pris, hier, les proportions d'un combat sérieux.

Cependant, vers deux heures de l'après-midi, le feu des batteries supérieures commence à prendre une certaine intensité qui s'accroît d'heure en heure jusqu'à la nuit, où il prend les caractères d'un bombardement sérieux. C'est contre le fort d'Issy que les batteries versaillaises de Meudon, du Moulin-de-Pierre et de Châtillon dirigent toute leur fureur. Réparation à M. Thiers, il ne ménage pas les forts, c'est évident. La trépidation et les oscillations du sol que produisent les effroyables détonations de l'artillerie de marine nous font craindre à tout instant l'écroulement de nos maisons. Depuis vingt-six jours nous vivons comme sur un bâtiment en détresse, battus par tous les vents, faisant eau de toutes parts et sur le point à tout instant d'être engloutis dans les flots. C'est bien long et bien cruel.

Et cependant, ô nature! tu reprends toujours tes droits; vaincus par la fatigue et le sommeil, nous nous endormons vers les deux heures du matin au bruit de ce fracas effroyable.

Dimanche 30. — A cinq heures du matin, le canon gronde encore, mais le feu se ralentit de plus en plus. Silence sur toute la ligne jusqu'à midi.

Pendant le bombardement de la nuit, deux expéditions ont réussi. A Issy, la troupe s'est emparée du cimetière et d'une partie des tranchées occupées par les insurgés. On cherche à cerner le fort. A Châtillon, la troupe s'est avancée jusqu'à la ferme Bonami, sur la route de

Paris, située sous les forts de Vanves et de Montrouge, et a enveloppé tout un poste d'insurgés ; elle en a tué un grand nombre et a fait 73 prisonniers.

Si je cherche à trouver la signification des actions de la nuit dernière, je ne peux pas ne pas admettre qu'elles doivent se rattacher à un plan d'ensemble, mais dont je n'ai pas le secret. Ce qui me paraît le plus probable, c'est que le bombardement contre les forts du Sud a pour but, non-seulement d'éteindre leurs feux, mais encore de s'en emparer, ce qui pourrait bien avoir lieu une de ces nuits prochaines. La prise de ces forts présenterait deux grands avantages : elle aurait d'abord un profond résultat moral sur la population de Paris, qui, sachant l'insurrection chassée des forts du Sud, verrait là un très-grave échec pour les insurgés. Le second avantage consisterait à pouvoir tourner les feux des forts contre ceux des fortifications et à les tenir en respect du côté du Sud, comme le Mont-Valérien les tient en respect du côté de l'Ouest. Il y aurait bien un troisième avantage, mais dont je n'ose pas parler, tant j'y suis intéressé, c'est de délivrer notre malheureuse zone suburbaine du Sud des dangers et des désastres qu'elle subit depuis vingt-six jours.

Aujourd'hui encore, le fort de Vanves a fait rage contre Châtillon. S'il a voulu tirer sur le plateau, il a bien mal pointé, car la plupart de ses obus sont tombés sur le village, et surtout dans ma rue. Le fort d'Issy, autour duquel la fusillade n'a cessé de se faire entendre, paraît être réduit au silence par le bombardement de la nuit dernière. Que n'en est-il de même de cet affreux fort de Vanves, qui a renversé une de mes cheminées !

Vers huit heures du soir, une canonnade terrible s'est fait entendre du côté de Paris. Les sinistres lueurs d'un incendie éclairent l'horizon dans la direction des Invalides.

Lundi 1er mai. — Canonnade assez molle pendant la nuit, excepté du côté de Paris, où a eu lieu un combat terrible et prolongé d'artillerie. Quelle est sa signification ?

En voyant notre coteau de Châtillon labouré par les obus, on ne peut s'empêcher de remarquer combien est considérable le nombre de projectiles qui n'atteignent pas le but. Les batteries que ces projectiles avaient pour objectif sont situées à 100 et 200 mètres au moins en arrière ; ajoutez ceux qui dépassent le but, ceux qui s'égarent sur les côtés, ceux qui éclatent en l'air, — et le nombre en est considérable, — et l'on peut admettre que, sur vingt projectiles dirigés contre une batterie par l'artillerie des insurgés, il n'en est peut-être pas deux qui portent juste.

On dit qu'il faut brûler 1,500 cartouches pour mettre un homme hors de combat, et que le poids du plomb nécessaire à cette homicide besogne est égal au poids de l'homme tué ou blessé. Ce n'est pas payer trop cher la mort d'un être humain, et certes il serait désirable que la vie humaine fût tarifée à un prix bien plus élevé encore, afin qu'on en fût plus avare. Je ne suis pas au courant des progrès de la balistique, ne semble-t-il pas cependant que, après quatre cents ans d'usage de la poudre de guerre, cet art en a de sérieux à faire encore ? N'est-ce pas une utopie de pousser au perfectionnement des armes et des engins de guerre afin de les rendre si meurtriers que la guerre devienne impossible ? A l'occasion de toutes les inventions qui se sont produites dans cet art terrible, des philanthropes se sont trouvés pour y applaudir en vue de l'espérance d'un désarmement général ; hélas ! que nous sommes loin de ce désirable résultat! N'est-ce pas le contraire qui est vrai, et celui qui croit avoir inventé l'arme la plus meurtrière ne devient-il pas par cela même le plus agressif?

Toute la journée, échange assez vif de canonnade entre les forts et le plateau. A huit heures du soir, le combat s'accentue davantage et devient de la part du plateau un bombardement en règle contre le fort de Vanves. Alors le feu s'ouvre sur le fort d'Issy et l'action y devient sérieuse. Vanves et Montrouge ne peuvent lui prêter aucun secours, occupés qu'ils sont à se défendre contre le bombardement formidable qu'ils subissent. L'action semble être engagée depuis Issy jusqu'à Neuilly, ce que l'on peut très-bien apprécier par le jaillissement des étincelles des canons et des fusils. Spectacle saisissant et vraiment beau dans son horreur. Les remparts tirent de tous côtés.

Mardi 2. — Le bruit terrible de la bataille a duré toute la nuit. Cet affreux fort de Vanves n'est pas encore éteint. Quelle situation agaçante! Nous ne savons encore rien de ce qui s'est passé la nuit précédente et la nuit dernière. Évidemment on suit un plan, et l'action décisive paraît vouloir s'engager sur plusieurs points à la fois. Ce matin, le fort d'Issy, malgré la forte brèche qu'on aperçoit sur ses remparts, résiste encore et tire toujours. Derrière le fort, et sans doute dans le parc, une batterie a été élevée par les insurgés et répond à la batterie de Meudon. Fera-t-on l'assaut du fort? Que de victimes! Le fort pris, ne sera-t-il pas exposé aux feux des fortifications? Et si les fortifications peuvent être prises, n'en trouvera-t-on pas une seconde, une troisième ligne? Si les insurgés résistent à outrance, et qu'il faille faire la guerre de barricades, de rues, de maisons, que de temps faudra-t-il pour les réduire! que de sang répandu! Plus longtemps dure cette guerre impie, plus on espère que la fin viendra de Paris lui-même, d'une réaction intérieure contre les insanités de la Commune, d'une prise d'armes générale de tout ce qui a conservé un peu de courage et de bon sens, un peu d'amour de la patrie, car c'en est fait de la France par la continuation de cette guerre atroce. Mais si Paris reste dans son inexplicable torpeur, si l'armée est impuissante ou que le Gouvernement recule devant la terrible nécessité de sacrifier cinquante mille hommes, voilà donc la France condamnée à l'humiliation suprême de voir l'ordre rétabli chez elle par les Prussiens. Et à quel prix? C'est bien alors qu'il faudra s'écrier, comme je l'ai fait déjà après Sedan et après Metz : *Finis Galliæ! — Dii avertant!*

J'apprends par des militaires quelques nouvelles du combat de la nuit dernière autour d'Issy. Les insurgés, après un combat très-vif qui les a repoussés dans les tranchées, y ont été poursuivis, attaqués à la baïonnette, et chassés jusque sous le fort de Vanves. Ils ont eu 300 hommes mis hors de combat et on leur a fait 500 prisonniers. Le fort d'Issy paraît être à peu près investi. Un capitaine d'insurgés, dans son trouble, et croyant se réfugier dans le fort de Vanves, est venu se jeter sur la première barricade de Châtillon. Quand il s'est vu pris, tremblant, il a demandé s'il allait être fusillé ; il a paru fort étonné qu'on se bornât à le considérer comme prisonnier et à l'envoyer à Versailles.

A quelle distance peuvent donc porter les fusils dits à tabatière? Une balle tirée du fort d'Issy a traversé, dans la maison de la poste, deux lames de persienne, la vitre de la fenêtre, et a pénétré de toute sa longueur dans le mur de l'escalier. Or, la distance est au moins de

1,800 mètres. Si l'un des habitants de cette maison eût, à ce moment, monté ou descendu l'escalier, il était atteint. Nous ne sommes plus en sûreté nulle part.

Mercredi 3. — Il y a aujourd'hui un mois que nous avons entendu pour la première fois le canon insurrectionnel des forts. Un mois ! Qui nous eût dit alors que nous serions aujourd'hui si peu avancés? Que nous passerions ce magnifique mois d'avril et ces premiers jours de mai enfermés comme des criminels dans des caves, dans des rez-de-chaussée blindés, matelassés, privés de jour, obligés de nous éclairer par la lumière artificielle quand un soleil radieux inonde la nature de sa clarté !

Nous nous sentons aujourd'hui plus découragés que jamais. Le fort d'Issy, que l'on nous disait réduit au silence, tire de plus belle ce matin. Les forts de Vanves et de Montrouge, nos plus cruels ennemis et que l'on nous disait fort malades, dirigent toujours leurs feux sur le plateau et toujours leurs obus, intentionnellement ou non, s'égarent sur nos maisons. Autre nouveau péril : les bastions de l'enceinte tirent depuis hier sur les batteries supérieures, et comme leur tir est court, que d'obus vont tomber sur notre malheureux village !

J'apprends aujourd'hui, en lisant les décès dans le *Siècle*, la mort de l'un de mes meilleurs amis, de M. C..., négociant à Paris, que j'avais laissé, il est vrai, dans un état fort inquiétant. Ni ses enfants absents, ni ses amis n'ont pu lui rendre les derniers devoirs. Combien auront disparu de nos amis dans cette terrible tourmente.

Comme compensation à cette triste nouvelle, j'apprends que le fils de notre cher Nicolas a pu se soustraire aux griffes de la Commune comme garde national.

Vers huit heures du soir, le fort de Vanves commence à être bombardé par le plateau; le bombardement s'est accentué de plus en plus et a duré terrible toute la nuit. Le fort a riposté avec énergie. Cette attaque me fait supposer qu'une nouvelle action va s'engager sous le fort d'Issy, d'où nous entendons une vive fusillade.

Jeudi 4. — Mes suppositions étaient fondées. A minuit, la fusillade s'allume tout autour du fort et sur ses remparts. C'est un spectacle sublime d'horreur et qu'irrésistiblement je ne peux m'empêcher de contempler du haut de ma maison. Tout le périmètre du fort est en feu; le peu d'artillerie qui lui reste fait rage, mais Meudon, Breteuil et le Moulin-de-Pierre l'inondent de projectiles, tandis que la garnison, du haut des remparts presque entièrement écroulés, décrit dans l'horizon un cercle de feu de mousqueterie qui répond à un autre cercle de feu des Versaillais tirant des tranchées. Par instants, une détonation énorme se fait entendre, un tourbillon de flammes et de fumée s'élève, c'est sans doute quelque amas de poudre qui saute. On entend des cris et des clameurs étranges. Pendant ce temps, les batteries du plateau foudroient les forts de Vanves et de Montrouge, et les empêchent de secourir Issy, tandis que plusieurs bastions de l'enceinte dirigent leurs feux sur le plateau. De tous les côtés, l'horizon est en feu. Le mont Valérien, de toutes ses batteries hautes et basses, tire sur un objectif qui m'échappe. J'entends aussi le roulement lointain du canon dans une direction que je ne peux saisir.

L'armée a-t-elle voulu prendre d'assaut le fort d'Issy ? Nous apprenons ce matin que tel n'était pas le but de ce combat nocturne. Elle a voulu cerner complètement le fort, et elle y a réussi. Les insurgés n'y peuvent plus entrer, n'en peuvent plus sortir sans s'exposer au feu meurtrier de nos tranchées. On nous apprend aussi que, pendant la nuit, une forte reconnaissance dirigée sur le Moulin-Saquet a eu pour résultat de chasser les insurgés de cette redoute, de leur prendre huit canons, et de leur faire 300, disent les uns, 800 prisonniers, disent les autres.

Vendredi 5. — Toute la nuit, même spectacle que la nuit précédente. Le mont Valérien s'illumine de haut en bas du feu de ses batteries. Autour d'Issy, et surtout en arrière, fusillade terrible et canonnade féroce. Les batteries du plateau bombardent le fort de Vanves pendant toute la nuit et toute la journée.

Issy résiste toujours, quoique investi.

Samedi 6. — La canonnade et le bombardement sur le fort de Vanves ont été terribles pendant toute la nuit. Une action est également engagée du côté d'Issy.

Nous apprenons, ce matin, que l'armée s'est emparée du redan et de son artillerie, placés en avant et à gauche du fort d'Issy, où les insurgés ont perdu 50 tués et 15 prisonniers. L'armée s'est avancée dans le village d'Issy, qu'elle occupe presque tout entier, et s'est avancée à quelques mètres de la porte de Vanves.

Toute la journée le bombardement sur Vanves n'a pas discontinué ; mais ce fort infernal riposte toujours avec furie.

Ce soir, nous voyons descendre quatre compagnies de plus que d'habitude ; une compagnie d'artilleurs, avec caissons et gabions, leur succède. Y aurait-il un projet d'attaque pour la nuit ?

Dimanche 7. — Une partie de la nuit, le bombardement contre Vanves a continué ; mais aucune action d'infanterie n'a été engagée. L'armée élève de nouvelles batteries sur le coteau de la route de Clamart et à droite et au-dessous de la tour de Crouy. Elles sont destinées à en finir plus vite avec Vanves et Montrouge.

Aujourd'hui, premier dimanche de mai, serait célébrée la fête patronale de Châtillon, fête ordinairement mouillée et qui, cette année, aurait joui d'un soleil éclatant. Quelle tristesse dans ce pays si gai et si animé à pareil jour ! On ne peut pas même y célébrer la messe ; l'église est effondrée ; la mairie est percée à jour, les écoles et l'asile sont détruits ; c'est lamentable !

Je viens de lire avec surprise dans le *Gaulois* un article de Rochefort, publié le 4 mai dans le *Mot d'ordre*, et dans lequel ce publiciste, en meilleurs termes que moi, sans doute, mais avec une identité de pensées singulière, porte le même diagnostic et le même pronostic de l'insurrection actuelle que je portais le 18 avril dernier. Pour lui comme pour moi, il n'y a que les niais qui aient vu dans cette insurrection une révolution politique ; pour lui comme pour moi, elle est essentiellement socialiste. Du reste, on distingue parfaitement à l'œuvre collective de la Commune l'influence particulière de l'un et de l'autre élément. Le jacobin n'a que des réminiscences niaises, bêtement il change les noms des rues et des places, dans son insanité il décrète la mise en séquestre et la démolition des églises, la destruction de la colonne Vendôme, du monument expiatoire de Louis XVI, et autres dévastations plus ineptes encore, car le jacobin croit qu'en renversant une pierre on supprime l'histoire. Le socialiste, plus pratique, court aux caisses publiques, à l'argenterie et aux joyaux des palais et des ministères, s'empare du Mont-de-Piété, frappe d'impôts les compagnies industrielles et des chemins de fer, décrète l'expropriation des usines et des ateliers abandonnés par leurs propriétaires, met tout en œuvre, enfin, pour exciter les appétits et les concupiscences des masses, car il sait bien que c'est par la promesse des satisfactions matérielles qu'on les dirige, qu'on les entraîne, qu'on les passionne et non par de pures abstractions politiques. Voilà le dangereux, le redoutable élément de l'insurrection actuelle. Victorieux, c'en est fait de l'organisation sociale actuelle ; vaincu, le peuple qu'il a fanatisé dans sa déception deviendra féroce, et tout est à craindre de cette populace en délire. Je ne vois que de sombres éventualités.

Aujourd'hui le bombardement a été incessant sur le fort de Vanves qui a riposté avec une grande énergie. — Soirée calme.

Lundi 8. — Journée accidentée et émouvante. La nouvelle batterie élevée sur la route de Clamart, en face de la maison de M. Lasègue, le père de notre cher et savant confrère, a ouvert, aujourd'hui, à dix heures du matin son feu contre le fort de Vanves. Cette batterie est double et se compose de six pièces de marine et de six mitrailleuses américaines. Elle paraît avoir été construite à double fin, d'abord pour bombarder le fort et tenir, par les mitrailleuses, sa garnison en respect, puis le fort éteint, à battre les remparts. Elle a rempli, aujourd'hui, et terriblement rempli son premier office. Ce qu'elle a envoyé d'obus sur le fort de Vanves est incalculable, si bien qu'à sept heures du soir un immense incendie s'est déclaré et que les casernes ont été réduites en cendres. Cet incendie a duré toute la nuit et présentait un spectacle d'une beauté sinistre.

En même temps que sifflaient les obus, et à intervalles calculés, sans doute, les six mitrailleuses américaines éclataient à la fois, et alors aucune expression ne peut rendre le fracas épouvantable produit par cette détonation. A la première décharge, nous avons cru que notre maison et le village entier s'abîmaient dans les carrières. Sous la menace de cette batterie, il est impossible qu'un corps d'insurgés ose s'aventurer dans la plaine et sortir des fortifications. Pendant l'incendie nous distinguons parfaitement ces enragés s'agitant sur les remparts du fort ; une décharge de mitrailleuse les faisait aussitôt disparaître.

Le plan d'attaque de l'armée commence à se dessiner dans mon esprit peu compétent. Il est clair que l'on veut se rendre maître des forts ou du moins les rendre impuissants, avant de commencer l'attaque de l'enceinte de Paris ; la stratégie est savante et sûre, mais elle exige de longs efforts. Il a fallu plus de huit jours de bombardement terrible pour réduire à peu près le fort d'Issy à l'impuissance. Je dis à peu près, car malgré ce qui se dit de son investissement, ce fort tire encore, et ce matin même, de deux ou trois pièces au moins. Je vois aussi qu'on ne le croit pas tout à fait mort, car les batteries de Meudon ne le ménagent guère ; toute la journée encore a-t-il été vivement bombardé.

Que tout cela est long et triste ! voilà pour nous le trente-cinquième jour de cette situation horrible.

Mardi 9. — Journée la plus terrible que nous ayons encore subie. Elle avait cependant débuté par une bonne nouvelle. A dix heures du matin, le drapeau tricolore flottait sur le fort d'Issy. Ce fort s'est-il rendu? a-t-il été pris? je l'ignore encore. Toujours est-il qu'il est actuellement occupé par l'armée et que l'infâme drapeau rouge est remplacé par l'étendart national.

Alors a commencé contre Vanves et Montrouge le bombardement le plus effrayant que nous ayons encore entendu. Ces deux forts ont riposté avec les convulsions de l'agonie. Cependant, ils résistent encore et leurs projectiles nous ont fait du mal. A leur rescousse sont arrivés le fort de Bicêtre et la redoute des Hautes-Bruyères qui ne nous ont pas ménagés. Mais le plus grand mal nous est venu des bastions des fortifications qui pendant presque toute la journée se sont mis à cracher avec rage leurs projectiles sur les batteries de Châtillon. Rage impuissante mais funeste à notre village, car tous ces obus se sont arrêtés à plus de 500 mètres de leur objectif et pleuvaient comme grêle sur nos maisons et nos jardins. Tout autour de moi, les habitations ont été criblées. J'en ai été quitte pour quelques éclats sur les toitures et dans la cour. Mais mon malheureux jardin a beaucoup souffert, arbres déracinés, coupés, ébranchés..... Ce n'est rien, hélas! comparativement aux désastres subis par mes voisins, et surtout quant à la blessure grave reçue par un pauvre jeune homme de 16 ans dont l'extrémité de la jambe gauche et le calcaneum ont été broyés par un éclat d'obus.

Par les éclats d'obus qui nous arrivent, on voit que ces engins de guerre sont de fabrication récente et bien défectueuse. La fonte n'est plus homogène et présente des scories, des traînées jaunâtres qui indiquent la hâte et de mauvais matériaux, les munitions doivent commencer à manquer à la Commune. Elle en a fait jusqu'ici un si énorme et si stérile gaspillage!

La reddition ou la prise du fort d'Issy paraît être, d'après les officiers supérieurs que je consulte, un résultat très-important pour la suite des opérations de la guerre. Mais de leur langage discret et réservé, je conclus que rien de décisif ne sera cependant tenté, avant la prise ou la reddition des forts de Vanves et de Montrouge, c'est contre ces forts que vont être maintenant dirigés tous les feux du plateau, n'espérons donc pas encore la délivrance avant plusieurs jours.

Mercredi 10. — Toute la matinée continuation du bombardement contre le fort de Vanves. Vers le milieu du jour, ses feux paraissent être complétement éteints. Alors, les compagnies qui occupent les tranchées, ont vu les insurgés en grand nombre en sortir et chercher à s'échapper par toutes les issues. Une vive fusillade dirigée sur eux a dû leur faire beaucoup de mal. Cette fusillade a continué une partie de la nuit et de nouveaux travaux d'approche ont été exécutés par le génie.

Nous savons aujourd'hui que le fort d'Issy a été simplement occupé, car la garnison presque tout entière l'avait abandonné, le reste s'est rendu. On y a trouvé une grande quantité de canons presque tous encloués et des mitrailleuses cassées. Le fort possédait encore pour un mois de vivres de toute espèce et surtout une grande quantité de vin et d'eau-de-vie. Les insurgés n'ont pu rien emporter.

Après l'occupation du fort, plusieurs bataillons d'insurgés ont voulu reprendre l'offensive dans les villages d'Issy et de Vanves. L'armée les a repoussés avec vigueur, le combat a été sanglant, les insurgés ont eu 300 hommes mis hors de combat.

Jeudi 11. — Triste réveil ! journée douloureuse !

Vers six heures du matin, un bataillon du 70ᵉ de ligne s'est approché du fort de Vanves et voyant qu'il ne répondait pas à la fusillade qui le provoquait, qu'aucun homme ne paraissait sur les remparts, a cru que le fort était abandonné et le bataillon a voulu y pénétrer. Le commandant n'a su ou pu résister à cet élan, et quoiqu'il n'eût reçu aucun ordre pour cette manœuvre, il a crié en avant ! La garnison, hélas ! n'avait pas disparu ; ces hommes ont été reçus à bout portant, il y a eu une vingtaine de blessés, dont deux officiers ; on parle de quelques prisonniers. Le bataillon a été obligé de se replier.

Par cet acte d'imprudence, l'armée subit le premier échec dans cette guerre ; très-petit échec, sans doute, mais qui va être grossi et amplifié par la Commune. Comment est-il possible qu'un commandant prenne l'initiative d'une action semblable ? Cela vient de ce que notre armée, qui, il faut le reconnaître, fait de grands progrès sous ce rapport, n'est pas encore suffisamment façonnée à la discipline, c'est que du haut en bas l'esprit de discipline et de hiérarchie faisait naguère complétement défaut, et que tout chef de corps, au risque de compromettre le succès d'un plan et d'une manœuvre d'ensemble, voulait montrer sa propre individualité, agir à sa guise, attirer sur lui l'attention et les récompenses. Le général qui commande le plateau a adressé, nous dit-on, une réprimande sévère à ce commandant. Je l'ai vu ce commandant, je lui ai parlé ; il paraissait tout contrit de sa mésaventure et s'attendait à en subir les conséquences. Pour le consoler, je lui ai dit : Si vous aviez réussi, commandant, vous seriez nommé demain colonel.

Pour venger, sans doute, cet insuccès, les batteries d'en haut ont fait rage sur ce malheureux fort de Vanves, qui, toute la journée, a été bombardé et mitraillé. Il a dû beaucoup souffrir ; il n'a pas riposté une seule fois. N'aurait-il donc plus de canons ou de munitions ?

Le fort de Montrouge a également gardé le silence, mais je ne m'y fie pas, et il pourra bien, demain, recommencer ses hostilités dangereuses.

Aujourd'hui, deux accidents sur deux habitants, mais par suite d'imprudence inqualifiable. Il tombe tant d'obus autour de nous, qu'il en est un certain nombre qui n'éclatent pas, ou qui n'éclatent que tardivement. J'en ai, pour mon compte, recueilli cinq dans mon jardin ; j'ai rendu à l'artillerie les trois plus gros, et j'ai gardé les deux petits après les avoir fait dévisser avec toutes les précautions nécessaires. Ce sont les œufs de Pâques que les *frères et amis* m'ont adressé ce saint jour-là.

Or, nos pauvres paysans et ouvriers, qui ne travaillent pas et ne gagnent rien, vont, au péril de leurs jours, chercher sur le plateau, soit les éclats d'obus, soit les obus eux-mêmes non éclatés. Ils vendent les éclats pour la fonte 2 fr. 50 c. les 50 kilos, et les obus non éclatés de 1 fr. à 2 fr., selon le calibre. Mais, dans ces obus, ils trouvent de la poudre qu'ils vendent aussi ; de sorte que, en moyenne, ce périlleux commerce leur rapporte de 3 à 4 fr. par jour.

Bien périlleux, en effet, est ce commerce, car outre le danger de recevoir des obus et des balles, le dévissement de ces obus est plein de périls. Le moindre choc peut déterminer leur explosion et c'est ce qui était déjà arrivé, deux fois dans notre village, où deux hommes ont été tués raide en pratiquant cette opération.

Les accidents survenus ce matin ont eu une autre cause. Un obus tombe dans un jardin voisin du mien, il n'éclate pas. Dix minutes après sa chute, un jeune homme s'avance pour le ramasser et l'obus fait une explosion épouvantable, qui fracture les deux jambes à ce malheureux jeune homme.

Un ouvrier avait dévissé un obus après avoir noyé la poudre. Cette poudre il l'avait imprudemment placée auprès du feu pour la faire sécher, elle s'est enflammée et lui a occasionné des brûlures affreuses à la face, au ventre, aux cuisses et aux deux mains (1).

De plusieurs côtés on est venu me solliciter, en ma qualité de membre du conseil municipal et toujours en l'absence du maire et de l'adjoint, de prendre un arrêté qui défende la recherche des projectiles de guerre et leur transport dans les maisons. J'ai besoin, pour cela, de m'entendre avec les collègues du conseil ici présents.

Vendredi 12. — Quel pénible début et quelle journée périlleuse! Sous ma croisée, un malheureux soldat du 114ᵉ de ligne se promenait au soleil, quand il tombe sous mes yeux mortellement frappé à la tête par une balle de rempart tirée du fort de Vanves. La cervelle de ce pauvre militaire a jailli sur le trottoir. Si, à ce moment, j'eusse mis la tête à la fenêtre ouverte, c'est ma pauvre tête qui eût été broyée.

J'avais raison de ne rien augurer de bon du silence de Montrouge. Il s'est réveillé aujourd'hui avec fureur, et comme son tir, intentionnellement ou non, était trop bas, notre rue a été inondée de projectiles. Aucun habitant, heureusement, n'a été atteint, mais les habitations ont énormément souffert. Le fort de Vanves, lui-même, a voulu montrer qu'il n'était pas tout à fait mort et a tiré quelques coups de canon. Mais les travaux de circonvallation ont été menés, ces nuits dernières, si bon train qu'il va subir bientôt le sort du fort d'Issy. Aujourd'hui encore, il a été bombardé à outrance. Les bastions de l'enceinte nous ont envoyé aussi quelques obus. Il n'y a pas eu moyen de sortir aujourd'hui.

Mes collègues du Conseil municipal ayant approuvé mon projet d'arrêté concernant les armes, munitions et engins de guerre trouvés sur les champs de bataille, l'arrêté suivant a été affiché :

« Le conseil municipal, etc.,

« Considérant que les armes, munitions et engins de guerre sont la propriété de l'État et que nul ne peut s'en emparer sans s'exposer aux peines édictées par la loi ;

« Que de trop nombreux accidents sont arrivés dans la commune sur des habitants qui ont voulu vider ou dévisser des obus et que ces accidents menacent non-seulement ceux qui s'y exposent volontairement, mais encore les voisins, les passants et les habitations elles-mêmes ;

« Arrête :

« Art. 1ᵉʳ. — Nul ne peut s'approprier les armes, munitions et engins de guerre trouvés sur les champs de bataille ;

« Art. 2. — L'existence de ces objets doit être signalée au commandant de service, qui en disposera selon les règlements militaires ;

« Art. 3. — Les contraventions au présent arrêté seront l'objet d'un procès-verbal, afin que les délinquants soient poursuivis conformément à la loi et sans préjudice des responsabilités qu'ils pourraient encourir par le fait de leur imprudence. »

---

(1) J'ai eu le bonheur de guérir ce malheureux ouvrier sans difformités, sans brides, sans cicatrices, par des pansements à l'eau froide pendant les premiers jours, et au liniment oléo-calcaire après.

Les fortes têtes de l'endroit m'ont fait l'honneur de donner leur approbation à cet arrêté, et trois de mes collègues du conseil municipal sont venus me rendre visite et me féliciter.

En vérité, je ne me croyais pas aussi fort en police municipale.

Samedi 13. — Journée relativement assez calme. Je me suis permis quelques tours de jardin ; bien plus, ma femme et moi, nous avons pu semer une planche de haricots !

Le soir, bien triste spectacle ! Une vingtaine d'insurgés blessés, pris autour du fort de Vanves et recueillis par nos troupes, ont été conduits à Châtillon et dirigés vers les ambulances voisines. Blessés, ils avaient droit au moins au silence de tous. Quelques rares habitants, des femmes surtout, n'ont pas eu la générosité du silence, et, sous l'impression des désastres subis, au souvenir des innocentes victimes faites par les insurgés, ils ont insulté ces malheureux. Je me suis interposé autant que je l'ai pu entre ces pauvres diables et l'indignation des habitants. « Soyons tous ici médecins, leur ai-je dit avec chaleur ; or, le médecin ne voit ni costumes ni visages ; il ne voit que des blessures, et il en a pitié. » Les militaires eux-mêmes n'étaient pas satisfaits de ces propos injurieux, et le commandant a fait précipiter leur départ.

Dimanche 14. — Toute la nuit, forte canonnade et vive fusillade du côté de Paris, sous le fort et autour de Vanves. Combat sérieux qui a amené la prise du village de Vanves par l'armée. Nous apprenons ce matin qu'une assez grande quantité d'insurgés se sont rendus et ont été conduits à Versailles. Quelques-uns auraient raconté que le fort est miné, ce qui aurait arrêté les préparatifs de l'assaut qui allait être donné. Ils auraient dit encore que les quelques soldats faits prisonniers avant-hier au fort de Vanves auraient subi le supplice atroce de la pendaison par les pieds. Ils auraient enfin ajouté que, il y a peu de jours, un de leurs généraux étant mort, toute la garnison du fort aurait voulu assister à ses obsèques, et qu'il n'y était resté que trois hommes pendant plusieurs heures. Tout cela paraît fort invraisemblable.

Ah ! la bonne nouvelle qui m'arrive à l'instant (onze heures du matin) ! Depuis une heure, le fort de Vanves est occupé par l'armée. Je grimpe à mon observatoire, et je vois, en effet, des képis et des pantalons rouges sur les remparts du fort. Quelques instants après, les détails nous arrivent. L'armée est entrée sans coup férir ; les insurgés ont abandonné le fort pendant la nuit en s'échappant par les carrières, dont le génie avait ordre de murer aujourd'hui même les puits d'ouverture et les couloirs. L'armée est entrée avec de grandes précautions. Le fort présentait, en effet, plusieurs fourneaux de mine. On a coupé les fils et tout danger a disparu. On a trouvé une trentaine de canons, beaucoup de munitions et de vivres, quelques blessés abandonnés et quelques morts. Notre horizon commence à s'éclaircir. Il était bien temps ! C'est aujourd'hui le quarantième jour de notre bombardement, même durée que celui de Strasbourg. Mais le fort de Montrouge nous menace encore. Cependant, les travaux admirables du génie ont été poussés si loin que son investissement avance.

Aujourd'hui encore, nouvelle victime du dévissement d'un obus ; c'est un jeune homme de 20 ans qui a été tué net, la tête fracassée.

Lundi 15. — L'investissement de Montrouge n'avance pas assez vite pour que cet horrible fort n'ait encore donné signe d'existence plusieurs fois dans la journée, et surtout le soir. L'établissement d'une batterie à l'est du fort en a été très-contrarié, et même un moment suspendu. Bagneux et le bas de Fontenay ont été fort éprouvés. Cependant, les canons nécessaires à cette batterie sont descendus du plateau pendant la nuit. Les bastions de l'enceinte, mal informés, ont envoyé des obus sur la batterie de mitrailleuses qui a été déplacée. Poudre aux moineaux !

Mardi 16. — Avec quel bonheur je vois quelques cultivateurs se hasarder vers leurs champs avec leurs instruments de travail ! Et cependant le fort de Montrouge envoie des bordées fréquentes. Les obus de Bicêtre et des Hautes-Bruyères parviennent jusqu'à nous. Nous ne sommes pas encore délivrés de toutes nos inquiétudes.

Tous ces jours-ci, les officiers nous disaient : On n'attend plus que la prise du fort de Vanves pour tenter le grand coup sur Paris. Depuis deux jours, le fort de Vanves est en notre possession et rien de nouveau ne surgit. Ils nous disaient encore : le fort de Montrouge ne nous inquiète pas et nous le négligerons. Il paraît qu'on a changé d'avis, car on cherche à agir contre Montrouge comme on a agi contre Issy et Vanves. Faudra-t-il agir de même contre Bicêtre, les Hautes-Bruyères et Ivry ? Nous ne sommes pas au bout de nos peines !

L'impatience me domine à ce point que j'ai demandé au jardinier si, malgré quelques obus qui sifflent encore sur nos têtes, il voulait reprendre les travaux du jardin, si en retard. Il n'a pas mieux demandé, et voilà la première journée, depuis quarante jours, que j'ai pu passer presque tout entière dans mon infortuné jardin.

Voici un singulier détail de discipline militaire :

Je vois assis sur le pas de ma porte un jeune caporal de la ligne mangeant avec un frais appétit un morceau de pain tout sec.

— Vous êtes donc en pénitence, caporal, que vous mangez ainsi votre pain sec !

— Quand on n'a pas de quoi se payer autre chose, il faut bien s'en contenter, me répond-il.

— Vous n'avez donc pas touché votre prêt ?

— Non ; je suis de planton auprès du général, qui est à Vanves, et je suis venu porter une dépêche au colonel qui est ici.

— Mais pourquoi ne faites-vous pas, et ne mangez-vous pas votre soupe, comme les camarades?

— Je ne peux pas, je suis de planton.

Et ce brave caporal m'a expliqué qu'un soldat de planton étant absent de sa compagnie, quand elle reçoit les vivres et le prêt, ne reçoit que sa ration de pain. Quand son service de vingt-quatre heures est fini, il rejoint sa compagnie, et si ses camarades ne lui ont gardé — ce qui n'arrive que trop souvent — ni la soupe ni le prêt, le pauvre diable s'en passe et attend la prochaine distribution.

Je n'ai pas voulu que ce caporal qui avait bonne façon et dont le langage un peu triste était cependant résigné, courût cette éventualité, et lui mettant une pièce blanche dans la main ! — Allez, lui ai-je dit, dans cette maison voisine ; faites-vous tremper une soupe, demandez une portion de viande et un demi-litre. — Il ne se l'est pas fait dire deux fois et m'a chaudement remercié.

Ce militaire m'a donné de pénibles détails et qui m'ont affligé sur la Maison de santé d'aliénés de Vanves appartenant à nos honorés confrères MM. Falret et Voisin. Le bâtiment principal paraît avoir beaucoup souffert et sert encore d'objectif aux obus des remparts. Le parc a subi de graves dommages. On se bat encore dans le village. Triste, bien triste (1).

Les batteries du plateau étant désarmées et abandonnées, la population pauvre du pays s'est élancée dès le matin pour aller piller les fascines, les gabions et les pièces de bois ayant servi à leur construction. D'autres escouades parcourent le coteau et le plateau et y recueillent en abondance incroyable des éclats d'obus et des obus tout entiers, et cela malgré notre arrêté de police. Il est vrai qu'ayant demandé au colonel de la place de faire accompagner notre garde champêtre par quelques militaires pour faire respecter la propriété de l'État, il m'a refusé tout net en me disant que c'était là une affaire de municipalité. Il nous arrive aujourd'hui deux brigades de gendarmerie qui comprendront sans doute mieux que ce colonel leurs devoirs envers l'État et envers la sécurité publique.

Mercredi 17. — Si l'on avait fait cette nuit autant de besogne que de bruit, les choses ce matin seraient bien avancées. Que notre impatience ne vous rende pas injustes, dis-je à quelques habitants dont les propos un peu amers ne semblaient pas satisfaire un groupe d'officiers. Cette nuit donc, la troupe a attaqué avec bravoure les insurgés autour de leurs tranchées du fort de Montrouge et leur a fait 41 prisonniers; mais, n'étant pas en force suffisante, elle a été obligée de se replier. Le *Bulletin* de la Commune pourra donc dire demain avec une certaine raison : Versaillais ont attaqué Montrouge, ont été repoussés. Comment se fait-il qu'à l'époque où nous sommes de cette guerre affreuse, la troupe puisse encore être exposée à se trouver en nombre insuffisant devant l'ennemi? Nous qui ne sommes pas tenus à connaître les agissements des insurgés, nous savons cependant que la garnison du fort de Montrouge a été renforcée de celle du fort de Vanves qui s'est échappée par une communication existant entre les deux forts.

Ce fort de Montrouge nous a envoyé encore aujourd'hui plusieurs obus dont un est tombé sur la maison mitoyenne avec la mienne. Bien s'en faut que nous soyons délivrés de tout danger.

Vers cinq heures et demie de l'après-midi, une détonation formidable se fait entendre et nous fait tressaillir. Après avoir reçu quelques versions diverses, nous apprenons que c'est la poudrière de l'avenue Rapp qui vient de sauter; de mon observatoire, et en voyant la colonne de fumée noire et épaisse, je m'étais à peu près rendu compte du théâtre de l'événement.

Jeudi 18. — Il y a aujourd'hui deux mois que l'insurrection s'est trouvée maîtresse de Paris ; il y aura demain deux mois que le Gouvernement s'est retiré à Versailles allant préparer les voies et moyens de s'en réemparer. Ces voies et moyens sont sans doute les plus sûrs ; mais, il en faut convenir, ils sont bien longs. Il est passé le délai de huit jours après lequel M. Thiers assurait qu'il serait maître de Paris. Je combats autant que je le peux le

---

(1) J'ai appris depuis avec satisfaction que le mal n'avait pas été aussi grave qu'on me l'avait dit.

découragement qui m'obsède. Quand j'apprends que la population de Paris est restée silencieuse devant le renversement de la colonne Vendôme, devant le pillage et la destruction de l'hôtel de M. Thiers, je me demande si l'on peut espérer encore un mouvement de réaction dans Paris, s'il n'est pas trop évident que notre armée sera obligée à faire seule l'atroce guerre des barricades, des rues, des maisons. Effrayante éventualité !

Aujourd'hui encore, le fort de Montrouge a fait du mal à notre village, et les obus du rempart nous sont arrivés en grand nombre. Bien s'en faut que nous soyons délivrés de nos inquiétudes.

Vendredi 19. — Le bombardement contre le fort de Montrouge a commencé dans la nuit, mais s'est arrêté le matin. Qu'attend-on?

Encore une victime innocente. L'un de nos cultivateurs a voulu aller travailler à son champ, sous le feu de Montrouge, accompagné de sa famille. Le fort lui a envoyé un obus qui lui a enlevé un bras et une jambe. Ce malheureux a été porté à l'ambulance de Bièvre. Il y a presque immédiatement succombé. N'est-ce pas un crime abominable ? Les artilleurs du fort étaient assez rapprochés pour voir que ce groupe de cultivateurs était complétement inoffensif; ils ont lâchement tiré sur lui et pouvaient anéantir d'un coup toute une famille. La douleur et l'indignation du pays sont extrêmes.

Toute la journée, Montrouge et les remparts nous ont envoyé des obus. Ils sont aussi bêtes que méchants ces affreux insurgés. Ils prennent pour objectif les batteries qui ont éteint Issy et Vanves, et ils ne voient pas que ces batteries sont déplacées et ne visent que Montrouge.

Samedi 20. — Grand tapage d'artillerie dans la nuit contre Montrouge. Comme hier, cette attaque cesse le matin.

Dans la nuit précédente, une forte reconnaissance a surpris un gros d'insurgés vers les Hautes-Bruyères, lui a tué beaucoup de monde et lui a fait beaucoup de prisonniers.

Depuis hier, nos tranchées sont occupées non plus par de l'infanterie, qui pousse en avant, mais par de la cavalerie, les cavaliers étant à pied, bien entendu.

A une heure de l'après-midi, grande émotion : nous entendons et nous voyons la fusillade s'engager sur toute la ligne, depuis Auteuil jusqu'à Montrouge. Nous supposons qu'une action générale commence et que l'attaque de Paris va avoir lieu, avec d'autant plus de raison que les batteries de Montretout, du mont Valérien, d'Issy, de Meudon et de Vanves ouvrent un feu terrible sur les fortifications. Cet immense et très-bruyant combat dure jusqu'à la nuit. Quel en a été le résultat? Je l'ignore encore. Autour de nous, voici ce qui s'est passé : Maîtres du fort de Vanves et de la route de Châtillon à Paris jusqu'à la Maison-Blanche, nos soldats ont voulu s'emparer d'une sorte de redoute formée par l'accumulation des terres extraites d'une immense carrière à découvert qui se trouve à une centaine de mètres du chemin stratégique, et où les insurgés, très-abrités, ont placé une mitrailleuse et une batterie de fusils de rempart qui nous font du mal. Cette redoute a été prise et reprise plusieurs fois. De mon observatoire, tantôt je voyais flotter le drapeau tricolore, tantôt le drapeau rouge ; enfin, le drapeau national a fini par y rester. Cette action a coûté la vie à un brave commandant d'infanterie. Nos troupes, comme on voit, s'avancent toujours et ne sont plus qu'à une petite distance du village du grand Montrouge. Le fort de ce nom est complétement cerné.

Vers les huit heures du soir et pendant une accalmie, nous nous sommes hasardés, ma femme et moi, à faire l'ascension du fameux plateau de Châtillon. Quel navrant spectale ! Il n'est pas un mètre de terrain qui n'ait été labouré et défoncé par les obus, toutes les maisons sont en ruine, les arbres coupés et mutilés ; c'est lamentable ! Du sommet de la montagne d'où l'on découvre le plus splendide panorama du monde, où Paris entier se détache depuis le bois de Boulogne jusqu'au bois de Vincennes, nous jetons un triste regard sur l'immense ville qu'un voile de brume nous permet à peine de distinguer. Elle semble comme enveloppée d'un linceul funèbre. Cependant de tous les forts et des remparts, jaillissent des étincelles, les batteries tonnent, des bastions d'enceinte quelques obus arrivent jusqu'au plateau et éclatent près de nous. L'endroit est magnifique, mais il n'est pas sain et nous le quittons aussitôt.

Dimanche 21. — Nous éprouvons comme une fièvre d'attente et d'impatience. Quelque chose nous dit que la crise est imminente. Dès le matin nous tentons une nouvelle ascension du plateau d'où nous distinguons la fusillade dirigée contre le grand Montrouge. Nous apprenons en descendant que ce village vient d'être occupé par la troupe et dans les circonstances suivantes : La troupe s'avançait vers le parc, après s'être emparée de la redoute dont j'ai fait mention hier, quand un jeune garçon d'une dizaine d'années, portant le drapeau parlementaire, se présente aux avant-postes. On le conduit auprès du colonel, auquel il apprend qu'il est envoyé par les habitants du village pour lui dire qu'il n'y reste plus un seul insurgé et que la troupe peut entrer. Le colonel lui répond :

— Quoique tu sois bien jeune, je te fais fusiller si tu me trompes.

— J'y consens, dit le petit bonhomme ; envoyez quelques hommes et vous verrez si je dis la vérité.

Il fut ainsi fait et après vérification, l'assertion de cet enfant s'étant trouvée exacte, les troupes ont occupé le grand Montrouge et le parc. L'enfant a été placé sous la protection du colonel, qui lui a promis une bonne récompense.

L'occupation du grand Montrouge a une grande importance, puisqu'elle double l'investissement du fort de ce nom, dont la garnison aura maintenant bien de la peine à s'échapper.

A huit heures du soir, grande et bien émouvante nouvelle !

L'armée est entrée à Paris !

Par où ? Comment ? Quelle division ?

Récits contradictoires, mais univoques, et nous arrivant de plusieurs côtés : L'armée est entrée à Paris !

Nous montons le coteau et nous voyons les éclairs du canon et des fusils du côté des portes de Versailles, du Point-du-Jour et de la porte Maillot. Les batteries du mont Valérien, de Montretout et d'Issy sont en feu.

Quelle nuit d'anxiété !

Lundi 22. — Toute la nuit, bruit de bataille vers Paris. Le mont Valérien et Montretout font silence. Bon signe, dis-je à mon entourage, et qui veut dire que l'armée est maîtresse des portes d'Auteuil et Maillot.

A dix heures du matin, incendie considérable à droite et en avant des Invalides.

La bataille continue dans Paris, terrible, si l'on en peut juger par le bruit formidable des détonations. Ce bruit s'avance vers l'intérieur.

A deux heures, nous voyons distinctement le drapeau tricolore flotter sur l'arc de l'Étoile et sur l'École militaire.

A cinq heures; passage d'une escouade de prisonniers pris au grand Montrouge, dont le fort tient toujours et toujours nous envoie des obus.

Toute la soirée, et bien avant dans la nuit, des récits divers mais sans authenticité nous arrivent. Nous ne pouvons nous rendre compte que de la continuation de la bataille dont nous entendons le bruit sans pouvoir en apprécier les résultats, si ce n'est — excellent signe ! — que ce bruit se dirige de l'ouest vers l'est de la ville.

Mardi 23. — Le bruit de la bataille n'a pas cessé un instant dans la nuit, pendant laquelle nous avons entendu trois détonations énormes produites probablement par des explosions.

Le fort de Montrouge joue de son reste; il tire encore ce matin. Vanves lui riposte. C'est en ce moment notre seul péril, car les bastions de l'enceinte semblent être éteints.

A sept heures du soir, vaste incendie toujours à droite et en avant des Invalides. Sur trois autres points, nous apercevons aussi des foyers d'incendie.

Les détonations se succèdent toujours rapides et intenses.

On nous annonce la prise, par l'armée, de la porte de Châtillon.

On nous annonce aussi que le général Dombrowski serait ou blessé, ou tué, ou fusillé.

Les forts de Montrouge et de Bicêtre, ainsi que la redoute des Hautes-Bruyères, nous ont canonnés toute la journée. La charmante villa de notre maire a été fortement endommagée. Fontenay et Bagneux ont encore beaucoup souffert.

Nous ne recevons aucune nouvelle positive de Paris, où la bataille semble s'accentuer de plus en plus; nous mourons d'impatience et d'inquiétude.

Mercredi 24. — Passage incessant de troupes d'infanterie, de cavalerie et d'artillerie se dirigeant vers Paris. Bruit continu de fusillade et de canonnade. Sur plusieurs points de Paris, nous apercevons une fumée noire et épaisse annonçant de nouveaux incendies. Nous sommes dans la plus pénible anxiété. Dix fois dans la journée, je monte le coteau pour distinguer la direction des incendies. Quand la nuit est venue, je m'y trouve encore et je distingue avec horreur huit ou neuf foyers qui, autant que j'en puisse juger sans lunette, me semblent concentrés dans un immense quadrilatère limité par les Tuileries à l'Ouest, par la Seine au Sud, par le Palais-Royal au Nord, et par l'Hôtel-de-Ville à l'Est. La douleur nous oppresse. De Paris, d'ailleurs, rien ne nous arrive de certain. La victoire de l'armée n'est pas douteuse, mais à quel prix, grand Dieu, est-elle obtenue? Que deviennent nos parents, nos amis dans ces horribles journées!

Jeudi 25. Bonne nouvelle dès le matin : Le fort de Montrouge, qui jusqu'à hier nous a inquiétés de ses obus, le fort de Bicêtre et les batteries des Hautes-Bruyères, tous ces derniers refuges de l'insurrection, ont été pris ce matin ou se sont rendus. Nous respirons, enfin, après cinquante jours de bombardement.

J'ai assisté ce matin à l'enterrement du brave commandant Leroux, du 32ᵉ de ligne, blessé mortellement dans les tranchées.

Nouvel incendie dans la direction du Jardin des Plantes. Le soir, du haut du plateau, sept nouveaux foyers d'incendie. L'horizon à l'est de Paris est en feu. Spectacle navrant.

Je ne m'étais pas trompé dans l'appréciation du théâtre des incendies d'hier : c'était bien le quadrilatère que j'indiquais hier ; les détails nous arrivent : les Tuileries, le ministère des Finances, le Conseil d'Etat, la Légion d'honneur, la Caisse des dépôts et consignations, l'Hôtel-de-Ville, le Palais-de-Justice, ne sont plus qu'un monceau de cendres. Rue du Bac, rue de Lille, rue de Rivoli, un grand nombre de maisons sont brûlées. Quels crimes épouvantables ! Je les craignais. Dans mes dernières lettres écrites ces jours-ci à mes amis, je leur disais : « Oui, l'insurrection sera vaincue, mais à quel prix ! Le vainqueur n'entrera dans Paris que sur des ruines sanglantes et fumantes. » Hélas ! je ne me suis pas trompé. Où s'arrêteront ces épouvantables scènes ?

Vers les cinq heures, détonation énorme : c'est la redoute du Moulin-Saquet qui vient de sauter, nous dit-on.

Vendredi 26. — Notre anxiété est si vive sur les atroces événements de Paris, nous sommes tellement abîmés de douleur par le spectacle de la capitale en feu, que nous nous apercevons à peine que, après cinquante jours d'un bombardement féroce, nous n'entendons, ici, depuis hier, d'autre bruit de guerre que celui qui nous arrive de Paris. Le calme le plus complet a succédé à cette horrible tempête, et nous éprouverions une sensation délicieuse si nos cœurs oppressés ne se trouvaient sous l'impression déchirante de Paris couvert de sang et de feu.

L'armée a quitté Châtillon. Le fort d'Ivry, dernier asile de l'insurrection, s'est rendu.

Cependant, l'insurrection n'est pas encore entièrement vaincue. Nous entendons depuis le matin la canonnade, la fusillade et la crépitation des mitrailleuses sur les hauteurs nord-est de Paris. Il paraît certain qu'on se bat encore à La Villette, à Belleville et aux buttes Chaumont. Les projectiles de ces hauteurs tombent sur le centre de Paris ; de Montmartre, au contraire, les obus sont dirigés sur ces hauteurs. Nous en concluons que Montmartre est au pouvoir de l'armée et que les hauteurs de l'Est sont encore au pouvoir des insurgés.

Le soir, les sinistres lueurs d'un nouvel et énorme incendie se dessinent dans la direction de La Villette : c'est épouvantable. On dirait que, des hauteurs qu'ils occupent, les insurgés envoient sur Paris des bombes incendiaires.

Personne n'entrant dans Paris ou n'en sortant, nous ignorons ce qui s'y passe.

Ces derniers moments de l'insurrection sont horribles et nous jettent dans l'anxiété la plus poignante.

Samedi 27. — Le bruit du canon a retenti toute la nuit jusqu'à cinq heures du matin. Depuis ce moment nous ne l'entendons plus. Est-ce fini, mon Dieu ! La Commune, cette infâme Commune, dont la mémoire doit être vouée à l'exécration des siècles, a-t-elle fait verser assez de sang, incendié assez de monuments et de maisons, détruit assez de bibliothèques et d'objets d'art, a-t-elle fait assez de ruines, fait couler assez de larmes !

Hélas ! l'insurrection n'est pas encore complétement vaincue. Vers les deux heures de l'après-midi le canon, les mitrailleuses et la fusillade se font entendre de nouveau et toujours sur les coteaux nord-est de Paris. Malgré une grosse pluie, la bataille dure le reste de la journée. A onze heures du soir on entend encore quelques détonations.

Ce soir, encore lueur d'incendie sur l'horizon de Paris.

Dimanche 28. — Toujours le canon dans la même direction.

Vers les trois heures de l'après-midi nous n'entendons plus rien.

Première visite de mon neveu, qui nous apporte de Versailles la bonne nouvelle de la fin de l'insurrection, qui serait complétement vaincue, mais il nous donne des détails navrants sur l'assassinat des otages, crime affreux, qui aurait été commis mercredi dernier.

Nous nous avançons, avec mon neveu, jusqu'à la porte de Châtillon, mais l'entrée est sévèrement interdite. Visitant le jardin-pépinière du Luxembourg, situé à Châtillon, route de Paris, nous entendons encore trois coups de feu. On nous dit que 1,200 insurgés sont réfugiés dans les carrières d'Arcueil, dont les entrées sont gardées par la troupe ; aussitôt qu'un insurgé fait mine de sortir, les soldats lui tirent des coups de fusil.

Du lundi 29 au jeudi 1ᵉʳ juin. — Passage continuel d'insurgés prisonniers qu'on conduit à Versailles. Quelle triste mine et en général quelles mauvaises figures ! Beaucoup de femmes, qui paraissent moins abattues que les hommes.

Jeudi 1ᵉʳ juin je rentre à Paris, bien impatient de connaître l'état où je trouverai mon appartement, des fenêtres duquel j'apercevais l'hôtel de M. Thiers. L'agitation dans ce quartier doit avoir été excessive. Que sera-t-il arrivé de mon mobilier, de ma bibliothèque et de tout ce que j'ai laissé là ?

Heureusement, je retrouve tout en place, tout en bon état, et je remercie Dieu de m'avoir préservé d'un nouveau désastre après lequel je n'eusse eu, en vérité, qu'à prendre la besace et le bâton.

POST-FACE

Ici doit finir le triste récit de ces journées lamentables pendant lesquelles, et comme membre de la municipalité de mon infortuné village, et comme médecin, j'ai été assez heureux de pouvoir rendre quelques services à une population affolée de terreur, et dont une grande partie subissait de grandes privations. A bien peser toutes choses, je ne regrette pas le parti que j'ai pris; moins avancé dans la vie, je trouverais un profitable enseignement dans les durs événements que je viens de traverser. Mais, à tout âge, on peut prendre des leçons de courage, de résignation et de modération. Je ne suis pas de ceux qui vivaient d'une vie trop facile, et cependant j'ai vu qu'on pouvait se contenter d'une situation beaucoup moins favorable encore. Qu'il serait désirable que nous trouvassions tous une leçon dans les terribles catastrophes que nous venons de traverser! Pourquoi surtout les fauteurs de révolutions ne profitent-ils pas de cette éternelle expérience des siècles qui apprend qu'ils en ont été toujours les premières victimes? Et, puisque j'ai abrité cet humble écrit sous l'autorité de Montaigne, je le termine en lui empruntant encore cette pensée aussi juste et aussi opportune que celle de mon épigraphe :

« Ceux qui donnent le branle à un Estat sont volontiers les premiers absorbez en sa ruyne :
« le fruict du trouble ne demeure guère à celuy qui l'a esmeu ; il bat et brouille l'eau pour
« d'aultres pescheurs...... » (*Loco citato.*)

PARIS. — Typographie FÉLIX MALTESTE et Cⁱᵉ, rue des Deux-Portes-Saint-Sauveur, 22.

www.ingramcontent.com/pod-product-compliance
Lightning Source LLC
Chambersburg PA
CBHW070700050426
42451CB00008B/439